ドイツ語の基本

文法と練習

第2版

モニカ・ライマン 著
ダニエル・ケルン・福原 美穂子 編訳

Grundstufen Grammatik
für Deutsch als Fremdsprache
Erklärungen und Übungen

三修社

Monika Reimann
Grundstufengrammatik für Deutsch als Fremdsprache
Erklärungen und Übungen
©1999 Max Hueber Verlag
Max-Hueber-Straße 4, 85729 Ismaning, Deutschland

ま・え・が・き

　本書はドイツの Hueber Verlag（ヒューバー出版）から刊行され，世界中で利用されている „Grundstufen-Grammatik für Deutsch als Fremdsprache, Erklärungen und Übungen" に手を加えた，日本の学習者向けの文法解説・問題集です。初級文法を学んでいる最中で，理解を深めて実力をつけたい方や，文法をひととおり学んだが苦手な点を改めて復習したい方，またドイツ語検定に備えたい方にも最適です。

　外国語の文法を使いこなすには，文法の説明を読むだけではなく，練習に練習を重ねることが大切です。練習問題の番号は，難易度によって濃淡をつけてあります。より易しい練習問題は番号の色を薄く，より難しい練習問題は番号の色を濃くしてあります。

　本書の大きな特長のひとつである「1ポイントレッスン」では，日本語の影響を受けたり，英文法の知識があるために，うっかり間違えてしまいがちな事柄について解説しています。

　本書を利用する際，第1章から順に目を通す必要はありません。学びたい項目をもくじで探し，必要なところから理解を深めてください。
　この本を手にしたあなたのドイツ語力がさらに増すことを願っています。

　本書の刊行のために多大な助言を与えてくれたトーマス・ペーカー教授と，本書の出版を快諾してくださった Hueber Verlag のモニカ・ライマン氏，三修社に，この場を借りて感謝の意を表します。

ダニエル・ケルン
福原　美穂子

も・く・じ

1 動詞

- 1.1 基本動詞 ················ 6
  - ・sein-haben-werden
  - ・話法の助動詞
  - ・lassenとbrauchen
- 1.2 時称 ·················· 21
  - ・現在
  - ・過去［完了形　過去形］
  - ・未来
- 1.3 不規則動詞 ·············· 35
- 1.4 分離動詞と非分離動詞 ······ 39
- 1.5 再帰動詞 ················ 44
- 1.6 不定詞 ·················· 48
  - ・zuを使わない不定詞
  - ・zu＋不定詞句
- 1.7 命令形 ·················· 52
- 1.8 受動 ···················· 57
- 1.9 接続法II式 ·············· 63
- 1.10 間接話法 ················ 72
- 1.11 特定の前置詞を伴う動詞 ···· 74

2 名詞

- 2.1 名詞の変化 ············· 89
  - ・性
  - ・複数
  - ・格
- 2.2 冠詞類 ················ 102
  - ・定冠詞類
  - ・不定冠詞類
  - ・無冠詞
- 2.3 形容詞 ················ 111
  - ・変化
  - ・現在分詞と過去分詞の形容詞的用法
  - ・比較
  - ・形容詞と分詞の名詞化
- 2.4 数 ···················· 125
  - ・基数
  - ・序数
  - ・数の副詞
  - ・小数／分数／単位／通貨／時刻／年号／日付／曜日／週／一日の時間帯／月／季節

2.5 代名詞 ･････････････････ 134
- 人称代名詞
- 冠詞類の独立用法
- 特別な語形変化をする代名詞
- 疑問詞
- 再帰代名詞
- 関係代名詞
- esの用法

3 不変化詞

3.1 前置詞 ･････････････････ 163
- 場所を表す前置詞
- 時を表す前置詞
- 様態を表す前置詞
- 原因を表す前置詞

3.2 副詞 ･･････････････････ 191
- 場所を表す副詞
- 時を表す副詞
- 様態を表す副詞
- 原因を表す前置詞

4 文

4.1 動詞の結合価 ･･････････ 207
4.2 定動詞第二位 ･･････････ 210
- 動詞の位置
- 文の1番目
- 文の中域
- 否定
- 文の末尾
- 疑問詞付き疑問文
- 接続詞（並列接続詞／接続詞的副詞）

4.3 定動詞第一位 ･････････ 225
- 命令文
- 決定疑問文

4.4 定動詞の後置 ･･･････････ 226
- 時を表す副文
- 理由を表す副文
- 条件文
- 意図や目的を表す副文
- 結果を表す副文
- 様態を表す副文
- 対立を表す副文
- dass - ob

1・1 基本動詞　Grundverben

sein – haben – werden

本動詞としても助動詞としても使うことのできる重要な基本動詞。

人称変化

現在

	sein	haben	werden
ich	**bin**	habe	werde
du	**bist**	ha**st**	wir**st**
er, sie, es	**ist**	ha**t**	wir**d**
wir	**sind**	hab**en**	werd**en**
ihr	**seid**	hab**t**	werd**et**
sie, Sie	**sind**	hab**en**	werd**en**

過去

	sein	haben	werden
ich	war	hatte	wurde
du	war**st**	hatte**st**	wurde**st**
er, sie, es	war	hatte	wurde
wir	war**en**	hatte**n**	wurde**n**
ihr	war**t**	hatte**t**	wurde**t**
sie, Sie	war**en**	hatte**n**	wurde**n**

現在完了

| ich | bin ... gewesen | habe ... gehabt | bin ... geworden |

過去完了

| ich | war ... gewesen | hatte ... gehabt | war ... geworden |

用法

sein　= be

■本動詞

+ 形容詞　Ich **bin** müde.　私は疲れている。
+ 名詞　Ich **bin** Ärztin.　私は女医です。
+ 過去分詞　Die Tür **ist** geschlossen.　ドアは閉まっている。

■完了の助動詞		
現在完了	Ich **bin** gestern angekommen.	私は昨日到着した。
過去完了	Ich **war** gestern angekommen.	私は昨日到着していた。
■慣用表現		
必要性	Es **ist** noch viel **zu** tun.	すべきことがまだたくさんある。

haben
= *have*

■本動詞		
＋名詞	Ich **habe** Hunger.	私は空腹である。
■完了の助動詞		
現在完了	Ich **habe** ihn gefragt.	私は彼に質問した。
過去完了	Ich **hatte** ihn gefragt.	私は彼に質問してあった。
■慣用表現		
必要性	Ich **habe** noch viel **zu** tun.	

私はすべきことがまだたくさんある。

werden

■本動詞	「…になる」	
＋名詞	Ich **werde** Pilot.	私はパイロットになる。
＋形容詞	Ich **werde** ungeduldig.	私はいらいらしてくる。
■助動詞		
接続法Ⅱ式	Ich **würde** jetzt gern schlafen.	私は今，眠りたいのですが。
受動	Hier **wird** ein Museum gebaut.	ここに博物館が建設される。
未来	Ich **werde** dich bald besuchen.	近いうちに君を訪問するよ。
■慣用表現		
推量	Er **wird** krank sein.	彼は病気なのだろう。

推量であることを強調するためにwohlとともに用いることが多い。

Sie **wird** *wohl* zu Hause sein. 彼女はおそらく家にいるだろう。

話法の助動詞　　können – dürfen – müssen – sollen – wollen – mögen

人称変化　　1人称単数 (ich) と3人称単数 (er, sie, es) が主語のときは，変化形が同じである。sollen以外は幹母音が変わる。

現在

	können	dürfen	müssen	
ich	kann	darf	muss	
du	kannst	darfst	musst	
er, sie, es	kann	darf	muss	
wir	können	dürfen	müssen	
ihr	könnt	dürft	müsst	
sie, Sie	können	dürfen	müssen	

	sollen	wollen	mögen	
ich	soll	will	mag	möchte
du	sollst	willst	magst	möchtest
er, sie, es	soll	will	mag	möchte
wir	sollen	wollen	mögen	möchten
ihr	sollt	wollt	mögt	möchtet
sie, Sie	sollen	wollen	mögen	möchten

過去

	können	dürfen	müssen
ich	konnte	durfte	musste
du	konntest	durftest	musstest
er, sie, es	konnte	durfte	musste
wir	konnten	durften	mussten
ihr	konntet	durftet	musstet
sie, Sie	konnten	durften	mussten

	sollen	wollen	mögen
ich	sollte	wollte	mochte
du	solltest	wolltest	mochtest
er, sie, es	sollte	wollte	mochte
wir	sollten	wollten	mochten
ihr	solltet	wolltet	mochtet
sie, Sie	sollten	wollten	mochten

1ポイントレッスン

ich möchte「〜したい」の過去形として「…したかった」と言うときは，wollen の過去形 ich wollte を用いる。

Nachher **möchte ich** noch einen Spaziergang machen.
後で私はもう少し散歩したい。

Gestern **wollte ich** noch einen Spaziergang machen, aber dann hat es plötzlich angefangen zu regnen.
昨日，私は散歩をしたかったが，突然雨が降り始めた。

現在完了	話法の助動詞の現在完了はあまり使われない。過去のことを表現するときは，過去形を用いた方がよい。 Ich habe nach Hause gehen müssen. →Ich **musste** nach Hause gehen. 　私は家へ帰らなくてはならなかった。 Er hat nicht schlafen können. →Er **konnte** nicht schlafen.　彼は眠ることができなかった。
主文における語順	本動詞の不定詞は文末に置く。
現在	Ich **muss** zum Arzt **gehen**.　私は医者に行かなくてはならない。
過去	Ich **musste** zum Arzt **gehen**. 私は医者に行かなくてはならなかった。
現在完了	Ich **habe** nach Hause **gehen müssen**.（まれ）
過去完了	Ich **hatte** nach Hause **gehen müssen**.
副文における語順	副文で助動詞を使うときは，助動詞を文末に置く。
現在	Ich weiß, dass ich zum Arzt gehen **muss**. 私は医者に行かなくてはならないことをわかっている。
過去	Ich weiß, dass ich zum Arzt gehen **musste**. 私は医者に行かなくてはならなかったことをわかっている。
現在完了	Ich weiß, dass ich zum Arzt **habe** gehen **müssen**. 私は医者に行かなくてはならなかったことをわかっている。
過去完了	Ich wusste, dass ich zum Arzt **hatte** gehen **müssen**. 私は医者に行かなくてはならなかったことをわかっていた。

	用法	
	können	「…できる」など
	能力	Ich **kann** schwimmen. 私は泳ぐことができる。
	可能	**Kann** man hier Theaterkarten kaufen? ここで演劇のチケットを買うことはできますか。
	許可	Du **kannst** gern mein Auto nehmen. 私の車を使っていいよ。
	dürfen	「…してもよい」など
	許可	Man **darf** hier parken ここで駐車してもよい。
	禁止	Sie **dürfen** hier *nicht* rauchen. ここで喫煙してはいけません。
	丁寧な問いかけ	**Darf** ich Ihnen helfen? お手伝いしましょうか。
	müssen	「…せねばならない」
	義務, 指図, (他人からの) 命令	Der Arzt hat gesagt, ich **muss** diese Tabletten dreimal täglich nehmen. 私はこの錠剤を一日3回のまなくてはならないと医者が言った。

Sie **müssen** hier noch unterschreiben.
ここにも署名が必要です。

nicht müssenで「…する必要はない」という意味になる。

Der Arzt hat gesagt, ich **muss** die anderen Tabletten *nicht* mehr nehmen. 医者は他の錠剤をのむ必要はないと言った。

nicht müssen のかわりに nicht brauchen zu + 不定詞を用いてもよい。

Der Arzt hat gesagt, die anderen Tabletten **brauche** ich **nicht** mehr **zu nehmen**.

Dieses Formular **brauchen** Sie **nicht zu unterschreiben**. この用紙に署名する必要はありません。

▶brauchen の本動詞としての用法は14ページ参照

英語との違いに注意！
nicht dürfen「…してはならない」
nicht müssen「…する必要がない」
Im Zug **darfst** du **nicht** rauchen.
(= You must not smoke in the train.)
Am Sonntag **muss** ich **nicht** zur Arbeit gehen.
(= On Sundays I don't have to go to work.)

sollen 助言，勧め	「…すべきである」	
	Der Arzt hat gesagt, ich **soll** nicht so viel rauchen. 私はこんなに多くタバコを吸うべきではないと医者が言った。	
	接続法Ⅱ式を用いるとより丁寧で遠回しな表現になる。 Der Arzt hat gesagt, ich **sollte** mehr Sport treiben. 私はもっと運動をしたほうがよいと医者が言った。	
倫理上すべきこと	Man **soll** Rücksicht auf andere Menschen nehmen. 他の人のことを思いやるべきである。	
wollen 意志，計画	「…するつもりである」	
	Wir **wollen** uns ein Haus kaufen. 私たちは家を買うつもりです。	
	Ich **will** Physik studieren.　私は大学で物理学を学ぶつもりだ。	
mögen	（直説法）本動詞として「…が好きだ」	
	Ich **mag** sie sehr gern.　私は彼女のことがとても好きだ。	
	Kaffee **mag** ich nicht. Ich trinke nur Tee. 私はコーヒーは好きではない。私は紅茶しか飲まない。	
ich möchte 願望	（mögenの接続法2式）「…が欲しい」「…したい」	
	Ich **möchte** bitte ein Kilo Tomaten.　1キロトマトください。	
	Ich **möchte** jetzt wirklich nach Hause gehen. 私は今，ほんとうに家に帰りたい。	
意志，計画	Ich **möchte** im nächsten Urlaub nach Griechenland fahren.　私は次の休暇にギリシャへ行きたい。	
	Ich **möchte** ihn auf jeden Fall besuchen. 私は彼を必ず訪ねたい。	

本動詞として	話法の助動詞は，本動詞のように単独でも使われる。	
können	Ich **kann** Deutsch. 私はドイツ語ができる。	
dürfen	Ich **darf** mit dir ins Kino. 私は君と一緒に映画に行くことが許されている。	
müssen	Ich **muss** jetzt nach Hause. 私は今から家に帰らなくてはならない。	
sollen	Was **soll** das? これはいったいどういうことだ？	
wollen	Ich **will** jetzt nicht! 今はいやだ！	
ich möchte	Ich **möchte** das aber nicht! 私はそうしたくない！	

英語との違いに注意！

ドイツ語で助言するときは，接続法Ⅱ式を用いるとやんわりとした表現になります。
A: Ich möchte mein Deutsch verbessern. Was soll ich tun?
B: Sie **sollten** deutsche Zeitungen lesen.
A: *I want to improve my German, what should I do?*
B: *You should read German newspapers.*

lassen と brauchen

人称変化

現在

lassenは不規則な変化をし，duとer, sie, esが主語のときに幹母音が変わる。

	lassen	brauchen
ich	lasse	brauche
du	**lässt**	brauchst
er, sie, es	**lässt**	braucht
wir	lassen	brauchen
ihr	lasst	braucht
sie, Sie	lassen	brauchen

過去		lassen	brauchen
	ich	**ließ**	brauchte
	du	ließ**est**	brauchte**st**
	er, sie, es	**ließ**	brauchte
	wir	ließ**en**	brauchte**n**
	ihr	ließ**t**	brauchte**t**
	sie, Sie	ließ**en**	brauchte**n**

本動詞としての現在完了	ich	habe ... gelassen	habe ... gebraucht
助動詞としての現在完了	ich	habe ... 不定詞 + lassen	habe ... nicht + 不定詞 + brauchen
本動詞としての過去完了	ich	hatte ... gelassen	hatte ... gebraucht
助動詞としての過去完了	ich	hatte ... 不定詞 + lassen	hatte ... nicht + 不定詞 + brauchen

用法

lassen

■本動詞

本動詞としての用法と助動詞としての用法がある。

「…のままにしておく」

Er kann es einfach nicht **lassen**.
彼はそれを放っておくことができない。

Lassen Sie das!　やめてください！

Tu, was du nicht **lassen** kannst!
放っておくことができないことは，やりなさい。

■使役の助動詞

人（4格）＋不定詞＋lassen「（人）に…させる」「（人）に…してもらう」

容認

Ich **lasse ihn** mit meinem Auto **fahren**.
私は彼に私の車を運転させてやる。

依頼

Er **lässt sich** von ihr die Haare **schneiden**.
彼は彼女に髪を切ってもらう。

可能	sich（4格）＋不定詞＋lassen「…されうる」（事物が主語） Die Maschine **lässt sich** noch **reparieren**. この機械はまだ修理されうる（＝修理できる）。
■現在完了	本動詞としての用法と，助動詞としての用法で現在完了形が異なる。
本動詞 （過去分詞 gelassen）	haben … gelassen Ich **habe** meine Tasche zu Hause **gelassen**. 私はかばんを家に置いてきた。
助動詞 （過去分詞 lassen）	haben … 不定詞＋lassen Er hat **sich** von ihr die Haare **schneiden lassen**. 彼は彼女に髪を切ってもらった。

brauchen

4格目的語をとる本動詞としての用法と助動詞に似た用法とがある。後者の場合は，zu 不定詞句を伴う。

■本動詞 ＋4格目的語	「必要とする」 Ich **brauche** Hilfe.　私は助けを必要としている。
現在完了	Ich habe Hilfe **gebraucht**.　私は助けが必要だった。
■慣用表現	brauchen＋(nicht) zu＋不定詞「…する必要がある（ない）」 Du **brauchst** nicht zu kommen. (=nicht müssen) 君が来る必要はないよ。 ふつう過去形を使う。 Du **brauchtest** nicht zu kommen. haben＋nicht＋不定詞＋brauchen（過去分詞 brauchen） Du hast nicht zu kommen **brauchen**. 君は来る必要はなかった。

1ポイントレッスン

使役のlassenは「人（依頼を受ける者）」と「依頼内容」という4格目的語を2つとります。

Ich **lasse** ihn meinen Wagen waschen.
私は彼に私の車を洗わせる。

1 現在形：sein, haben, werdenを人称変化させて空欄に補いなさい。

1. Seit wann ___ist___ er denn verheiratet?
2. Wie alt _____ du?
3. Wenn ich mal groß _____, _____ ich Lokomotivführer.
4. Er _____ einfach keine Geduld mit den Kindern.
5. Wann _____ du eigentlich Geburtstag?
6. Die Lebensmittel _____ von Tag zu Tag teurer!
7. Ihr schafft das schon. Ihr _____ doch noch jung!
8. Es _____ schon ziemlich kühl hier. Ich mache lieber die Heizung an.
9. Ich _____ langsam müde. Ich gehe am besten bald ins Bett.
10. _____ Sie Herrn Peters schon angerufen?

2 過去形と現在完了形：sein, haben, werdenを人称変化させて空欄に補いなさい。

1. ☐ Ich habe letzte Woche dauernd bei dir angerufen.
   ■ Tut mir leid, aber da ___war___ ich nicht zu Hause.
2. ☐ Wo _____ du denn gestern Abend? Warum bist du nicht gekommen?
   ■ Ich _____ leider keine Zeit.
3. ☐ Ich _____ letzte Woche krank.
   ■ Was _____ Sie denn?
   ☐ Grippe.
4. ☐ Warum hat er uns alle eingeladen?
   ■ Er _____ gestern Vater _____ und möchte das mit uns feiern.
5. ☐ Wo _____ ihr denn so lange? Wir warten schon eine halbe Stunde.
   ■ Wir _____ Hunger und haben uns noch schnell etwas zu essen gekauft.
6. ☐ Wie _____ denn euer Urlaub? _____ ihr eine schöne Zeit?
   ■ Eigentlich schon. Nur _____ leider am dritten Tag das Wetter schlecht, und dann _____ es jeden Tag kälter.

3 現在形：müssenかsollenを人称変化させて空欄に補いなさい。

1. Du _____ dich beeilen, sonst kommst du zu spät.
2. Er _____ nicht so viel rauchen.
3. Ich _____ heute unbedingt zum Zahnarzt. Ich hatte die ganze Nacht starke Zahnschmerzen.
4. Deine Kinder _____ bitte ein bisschen leiser sein. Ich möchte schlafen.
5. Er _____ seine Arbeit nicht immer wichtiger nehmen als seine Familie.
6. Ich kann erst etwas später kommen. Ich _____ vorher noch für Oma einkaufen gehen.
7. Einen schönen Gruß von Herrn Breiter. Sie _____ nicht auf ihn warten, er _____ nämlich noch länger arbeiten.
8. Wir haben kein Brot mehr. Wir _____ noch zur Bäckerei gehen.

4 現在形：könnenかdürfenを人称変化させて空欄に補いなさい。

1. Ich _____ nicht mehr so viel Fleisch essen, weil es zu viel Cholesterin hat.
2. _____ du mir morgen bitte dein Auto leihen?
3. Sie ist erst 15 Jahre alt, deshalb _____ sie noch nicht in die Disco gehen.
4. _____ man hier rauchen?
5. Wir _____ diese Wohnung nicht mieten. Sie ist zu teuer.
6. Am Sonntag _____ ihr doch ausschlafen, oder?
7. Kinder unter 16 Jahren _____ in Deutschland keinen Alkohol kaufen.
8. Herr Petersen ist krank. Er _____ deshalb heute leider nicht kommen.

5 müssen, können, dürfenのいずれかを使ってしなければならないこと，できること，してはならないことを作文しなさい。

1. rauchen _Hier darf man nicht rauchen._
2. telefonieren _____
3. überholen _____
4. leise sein _____
5. parken _____
6. Informationen bekommen _____
7. Motorrad fahren _____
8. parken _____

6 適切な話法の助動詞を選んで人称変化させなさい。

1. Wir __möchten__ jetzt gern frühstücken. Kommst du bitte?
   (sollen / möchten / müssen)
2. Mein Mann _____ leider nicht mitkommen. Er hat heute keine Zeit. (durfte / sollte / konnte)
3. Der Chef lässt Ihnen sagen, dass Sie ihn irgendwann anrufen _____ .
   (sollen / wollen / müssen)
4. Sie _____ mich sprechen, hat meine Kollegin gesagt?
   (konnten / wollten / durften)
5. _____ ich Ihnen in den Mantel helfen? (Muss / Will / Darf)
6. Du _____ noch deine Hausaufgaben machen. Vergiss das nicht!
   (kannst / musst / darfst)

7 適切な話法の助動詞を人称変化させ空欄に補いなさい。

1. □ _Musst_ du heute Abend arbeiten oder _____ du mit uns essen gehen?
   ■ Ich _____ heute leider arbeiten. Aber vielleicht _____ wir am Wochenende etwas zusammen unternehmen.
2. □ _____ Sie Französisch?
   ■ Nein, aber ich _____ es auf jeden Fall lernen.
3. □ Frag doch mal deine Eltern, ob du mit uns ins Kino _____ .
   ■ Ich _____ bestimmt nicht. Sie haben schon gesagt, dass ich heute Abend zu Hause bleiben _____ .
4. □ _____ ich Ihnen ein Glas Wein anbieten?
   ■ Nein danke, ich _____ lieber ein Mineralwasser.
5. □ Das Flugzeug hat Verspätung. Wir _____ noch eine Stunde warten.
   ■ Dann _____ wir doch in die Bar gehen und dort warten.
6. □ So, wir sind fertig. Sie _____ jetzt nach Hause gehen.
   ■ Danke, aber ich _____ gern noch ein bisschen hier bleiben.

8 lassenかbrauchenを指示された時称に変化させて空欄に補いなさい。

1. Ihr _____ euch keine Sorgen zu machen.　　brauchen（現在）
2. Warum _____ ihr mich nicht endlich in Ruhe?　　lassen（現在）
3. Wo sind bloß meine Schlüssel? Hoffentlich _____ ich sie nicht in der Wohnung _____ .　　lassen（現在完了）
4. Vielen Dank, aber das kann ich alleine machen. Du _____ mir nicht zu helfen.　　brauchen（現在）
5. Sein Auto ist schon wieder kaputt. Dabei _____ er es erst vor zwei Wochen reparieren _____ .　　lassen（現在完了）
6. Der Zug fährt erst in zwei Stunden. Wir _____ uns also nicht so zu beeilen.　　brauchen（現在）

9 lassenかbrauchenを適切な形にして空欄に補いなさい。

1. ☐ Ich habe die Küche schon aufgeräumt.
   ■ Danke, das ist sehr nett, aber das hättest du nicht zu machen _____ .
2. ☐ Deine Wohnung sieht ja plötzlich ganz anders aus!
   ■ Ja, ich habe sie kürzlich renovieren _____ .
3. ☐ Nie _____ du mich etwas alleine machen!
   ■ Das stimmt doch nicht.
4. ☐ Nimmst du immer noch diese starken Tabletten?
   ■ Nein. Seit ein paar Tagen habe ich keine Schmerzen mehr, deshalb _____ ich sie nicht mehr zu nehmen.
5. ☐ Hast du das Kleid selbst genäht?
   ■ Nein, das habe ich vom Schneider machen _____ .
6. ☐ Hast du gerade ein bisschen Zeit?   ■ Ja, klar.
   ☐ Ich _____ nämlich deinen Rat.

10 sollenを直説法か接続法の形にして空欄を補いなさい。

1. Sein Arzt hat gesagt, er _____ weniger rauchen.
2. Was _____ ich nur machen?
3. Sie sind total überarbeitet, Sie _____ Urlaub machen.
4. Ihr _____ früher aufstehen, fast jeden Tag kommt ihr zu spät in die Uni.
5. Meine Frau sagt immer, ich _____ früher nach Hause kommen.
6. Du _____ ein Jahr in Deutschland wohnen, dann wird dein Deutsch bestimmt fantastisch.
7. Wir _____ Seite 7 als Hausaufgabe machen, hat unsere Lehrerin gesagt.
8. Sie _____ nach Hause gehen, morgen müssen Sie früh aufstehen.

11 空欄にmüssen / dürfen と nicht を入れて文を完成させなさい。

1. Endlich Semesterferien, morgen _____ ich _____ in die Uni.
2. _____ man in der Yamanote-Linie wirklich _____ Bier trinken?
3. Leider _____ ich zuhause _____ rauchen.
4. Heute Morgen _____ er _____ mit dem vollen Zug fahren, er konnte zu Fuß gehen.
5. In einigen Stadtteilen Tokios _____ man _____ mehr auf der Straße rauchen.
6. Zum Glück _____ er _____ Strafe bezahlen, der Polizist war sehr nett.
7. _____ wir _____ Hausaufgaben machen? — Doch, jedes Mal!
8. Hier _____ du _____ parken, das ist verboten!

1☆2　時称　Tempora

時	過去	現在	未来
	現在完了形 過去形 過去完了形	現在形	時の添加成分を伴う現在形 未来形

現在

現在形
用法

■現在進行中

現在形で現在進行中の事柄を表す。ドイツ語には「現在進行形」はない。
- ■ Wo **ist** denn Angela?　アンゲラはいったいどこにいるの？
- □ Im Wohnzimmer.　リビングだよ。
- ■ Und was **macht** sie da?　彼女はそこで何をしているの？
- □ Sie **sieht** fern.　テレビを見ているよ。

■特定の時とは関係のない事実

Köln **liegt** am Rhein.　ケルンはライン川河畔にある。
In Paris **gibt es** viele Museen.
パリには多くの美術館がある。

■現在まで継続している状態

- ■ Ich wusste nicht, dass du jetzt in Köln **wohnst**.
君が現在ケルンに住んでいるのは知らなかったよ。
- □ Doch, schon seit drei Jahren.
もう3年前から住んでいるよ。
- ■ **Arbeitest** du dort?　そこで働いているの？
- □ Nein, ich **studiere** noch.　いいや、まだ大学に通っているんだ。

人称変化

動詞は**語幹**と**語尾** -en（または-n）からなり，語尾は主語に応じて人称変化する。変化する前の形を**不定詞**，変化した形を**定動詞**と呼ぶ。

例　fragen　　frag en　　ich frage
　　不定詞　　語幹 語尾　　定動詞

■規則動詞

fragen 質問する

ich	frag**e**	wir	frag**en**
du	frag**st**	ihr	frag**t**
er, sie, es	frag**t**	sie, Sie	frag**en**

(1) 語幹が -t, -d で終わる　口調上の -e- が加わる。
(2) 語幹が -s, -ß で終わる　2人称単数 -st の s が融合する。
(3) 不定形の語尾が -n　語幹の -e- が脱落する。

	(1) **arbeiten** 働く	(2) **reisen** 旅行する	(3) **klingeln** ベルを鳴らす
ich	arbeite	reise	**klingle**
du	arbei**t**est	**reist**	klingelst
er, sie, es	arbei**t**et	reist	klingelt
wir	arbeiten	reisen	klingeln
ihr	arbei**t**et	reist	klingelt
sie, Sie	arbeiten	reisen	klingeln

その他　finden　rasen　würfeln
　　　　見つける　怒り狂う　サイコロを振る

　　　　leiden　　　　　sammeln
　　　　苦しむ，悩む　　集める

■不規則動詞　主語が2人称単数 (du) と3人称単数 (er/sie/es) のとき**幹母音**（語幹の母音）が変わる。人称変化語尾は規則動詞と同じである。

幹母音の -e- が長音　e → ie
　　　　　　　短音　e → i

	lesen 読む	**nehmen** 取る	**fahren** 乗って行く
ich	lese	nehme	fahre
du	l**ie**st	n**i**mmst	f**ä**hrst
er, sie, es	l**ie**st	n**i**mmt	f**ä**hrt

	その他	sehen 見る	geben 与える	schlafen 眠る
		befehlen 命令する	sprechen 話す	laufen 走る
語幹が s で終わる	2人称単数の主語（du）のとき s が融合する。			

例 **essen** 食べる **wissen** 知っている

ich	esse	weiß*
du	isst	weißt
er, sie, es	isst	weiß*

*1人称単数と3人称単数が主語のときは同形。

その他　　vergessen 忘れる　　messen 測る

過去

過去を表す際は主に過去形と完了形を用いる。日常会話では主に完了形を使い，書き言葉や，重要な基本動詞を使うときには主に過去形を用いる。

完了形
用法　主に日常会話で用いる。

■ Was **hast** du gestern **gemacht**?　昨日は何をしたの？
□ Ich **bin** ins Kino **gegangen**.　映画を見に行ったのよ。
■ Was **hast** du denn **angeschaut**?　何を見たんだい？
□ Den neuen Film von Wim Wenders.
　ヴィム・ヴェンダースの新作映画よ。
■ Den **habe** ich auch schon **gesehen**.
　あの映画なら私ももう見たよ。
□ Und wie hat **er** dir **gefallen**?　それで，どうだった？
■ Sehr gut.　とても良かったよ。

haben または sein を用いる。

■**完了の助動詞**
haben + 過去分詞
ほとんどの動詞

Was **hast** du **gemacht**?　君は何をしたの？
Da ist ja das Wörterbuch! Ich **habe** es schon **gesucht**.　ここに辞書があるよ！これを今まで探してたんだ。

すべての再帰動詞	
sich entscheiden 決める	Ich **habe** mich noch nicht **entschieden**. 私はまだ決めていない。
sich unterhalten 歓談する	Er **hat** sich mit mir **unterhalten**. 彼は私と歓談した。
sein + 過去分詞	
場所の移動を表す自動詞 (＝4格目的語をとらない)	Wohin **bist** du **gegangen**？ 君はどこへ行ったの？
fahren（乗り物で）行く	Ich **bin** am Wochenende in die Berge **gefahren**. 私は週末に山へ行った。
kommen 来る	Warum **bist** du nicht schon gestern **gekommen**? なぜ君はさっそく昨日にも来なかったの？
abfahren （乗り物で）出発する	Der Zug **ist** vor einer Stunde **abgefahren**. 列車は一時間前に発車した。
状態の変化を表す自動詞	
wachsen 育つ	Der Baum **ist** aber ganz schön **gewachsen**! この木は大きく育ったものだなあ！
werden （…に）なる	Er **ist** letzte Woche Vater **geworden**. 彼は先週、父親になった。(＝彼に先週、子供が生まれた。)
aufwachen 目覚める	Sie **ist** gerade **aufgewacht**. 彼女はちょうど目を覚ました。
bleiben 留まる	Er **ist** eine Woche in Frankfurt **geblieben**. 彼は一週間フランクフルトに留まった。
sein (＝be)	Ich **bin** gestern im Theater **gewesen**. 私は昨日、劇場にいた。

過去分詞

■規則動詞（弱変化動詞）	ge▬▬t	gekauft, geholt, gemacht ...
■分離動詞	▬▬ge▬▬t	eingekauft, abgeholt, aufgemacht...
■非分離動詞*と	▬▬▬▬t*	bezahlt, erzählt, studiert... *ge-をつけない。
-ierenで終わる動詞	*be-, emp-, ent-, er-, ge-, miss-, ver-, zer- の前つづりがつく動詞	
■不規則動詞 （強変化動詞）	ge▬▬en	geschrieben, gegangen, gegessen... 幹母音が変化

■分離動詞	▭ge▭en	abgeschrieben, angefangen, mitgenommen
		基礎動詞の過去分詞の前に分離の前つづりをつける。
■非分離動詞	▭en	empfohlen, entschieden, verlassen...
■混合変化動詞	ge▭t	gedacht, gebracht, gekannt...
		幹母音が変化
	denken 考える	bringen 持ってくる　kennen 知っている
	nennen …と呼ぶ	wissen 知っている　　　など
	haben	gehabt
	sein	gewesen　▶6ページ参照

完了形の助動詞は haben? sein?

1) 動詞が他動詞または再帰動詞 → haben
多くの動詞の場合，他動詞であるか自動詞であるかを日本語に置き換えて考えることが可能です。4格目的語を必要とする動詞が他動詞ですが，なかには単独でも用いることの出来る動詞もあります。（例：essen 食べる）場所の移動や状態の変化を表す動詞でも，他動詞か再帰動詞の場合，habenを使います。

2) 動詞が自動詞のときだけ
場所の移動または状態の変化を表しているかどうかを考えましょう。該当すればseinを使います。ただし，sein, bleibenも完了の助動詞にseinを使うので注意しましょう。

過去形
用法　主に書き言葉や報告に用いる。

Als sie gestern Abend nach Hause **kam**, **erschrak** sie fürchterlich. Ihre Wohnungstür war offen und ...
彼女は昨日帰宅したとき、ひどく驚いた。彼女の玄関のドアは開いており、…

Die Blutuntersuchungen **ergaben** leider kein eindeutiges Krankheitsbild. Deshalb **musste** der Patient ...
血液検査では残念ながら明確な病状は現れなかった。したがって患者は…。

重要な基本動詞とgeben (es gab) はほとんどの場合，過去形を用いる。

■ Was habt ihr gestern Abend gemacht?
　君たちは昨日の晩，何をしたの？

□ Wir **waren** im Kino.　映画を見に行ったよ。

人称変化

過去基本形　語幹+te

主語が1人称単数か3人称単数のときは語尾が付かず，同形である。

■規則変化

fragen 質問する　　　　　　過去基本形 **fragte**

ich	fragte	wir	fragte**n**
du	fragte**st**	ihr	fragte**t**
er, sie, es	fragte	sie, Sie	fragte**n**

■口調上の -e-

語幹の語尾が -t, -d などで終わる動詞には，口調上の -e- を入れる。

arbeiten 働く　　他に warten, landen, atmen, regnen など

ich	arbeitete	wir	arbeiteten
du	arbeitetest	ihr	arbeitetet
er, sie, es	arbeitete	sie, Sie	arbeiteten

■不規則変化

gehen 行く

ich	**ging**	wir	ging**en**
du	ging**st**	ihr	ging**t**
er, sie, es	**ging**	sie, Sie	ging**en**

過去完了
用法

過去の出来事Bよりもさらに前に起きた出来事Aを表すとき，ふつう出来事Aは過去完了，出来事Bは過去形で表される。過去完了はあまり頻繁には用いられない。

出来事A　Der Regen hatte schon aufgehört,
　　　　　雨は既に止んでいた。

出来事B　<u>als ich gestern in Rom ankam.</u>
　　　　　私が昨日ローマに到着した時，

	順番を変えることもできる。
	出来事B <u>Als ich gestern in Rom ankam,</u>
	私が昨日ローマに到着した時，
	出来事A hatte der Regen schon aufgehört.
	雨は既に止んでいた。
構文	完了の助動詞 haben, sein の過去形と過去分詞を使う。
■hatte+過去分詞	Der Regen **hatte** schon aufgehört, als ich ankam.
	私が到着した時，雨は既に止んでいた。
■war+過去分詞	Der Zug **war** leider schon **abgefahren**, als ich am Bahnhof ankam.
	私が駅に着いたとき，列車は残念ながら既に発車していた。
	Als ich bei der Geburtstagsfeier ankam, **war** der Kuchen schon **aufgegessen**.
	私が誕生日パーティーに来たら，ケーキは既に食べ尽くされていた。
未来	未来のことは，現在形とともに時の添加成分を使って表す。
	morgen 明日　　heute Abend 今晩　　nächste Woche 来週
	bald じきに
■現在形	現在形＋時の添加成分で未来の行動を表す。
	■ Kommst du **am Samstag** zu meiner Party?
	土曜日に私のパーティーに来ないかい？
	□ Tut mir Leid, aber ich fahre **am nächsten Wochen-ende** zu meinen Eltern.
	残念だけど，今度の週末は両親のところに行くんだ。
■未来形	werden＋不定詞を用いて，未来の出来事に意味を加える。
約束	Ich **werde** dich in deiner neuen Wohnung **besuchen**.
	君の新しいマンションを訪ねていくよ。
	Wir **werden** das heute Abend noch einmal **besprechen**.　そのことについて今晩もう一度，相談しよう。
意図，推量	Ich **werde** in die USA **fliegen**.
	私はアメリカに行くつもりだ。
	Wir **werden** bestimmt eine Lösung **finden**.
	私たちは必ず解決を見出すだろう。　▶werdenの変化形は6ページ参照

1 現在人称変化させなさい。

1. Wo __arbeitest__ du? (arbeiten)
2. Er _____ schon lange. (warten)
3. Ich _____ meine Brille nicht. (finden)
4. Wann _____ du? (fahren)
5. Ich _____ es nicht. (wissen)
6. Sie _____ dich um Hilfe. (bitten)
7. Er _____ mich nie. (grüßen)
8. Wann _____ ihr? (heiraten)
9. Wie _____ du? (heißen)
10. _____ du mir bitte den Stift? (geben)

2 duに対する疑問文をつくりなさい。

1. Was empfehlen Sie mir? — Was empfiehlst du mir?
2. Wohin fahren Sie?
3. Wem helfen Sie gern?
4. Wie lange warten Sie hier schon?
5. Warum vergessen Sie das immer wieder?
6. Warum antworten Sie nicht?
7. Warum nehmen Sie mir die Zigaretten weg?
8. Wissen Sie den Namen?
9. Warum werden Sie gleich so böse?
10. Welche Zeitung lesen Sie da?
11. Sind Sie heute Abend zu Hause?
12. Wen laden Sie sonst noch ein?

3 適切な動詞を人称変化させて文を完成させなさい。

1. ■ Wie lange ___sind___ Sie schon in Deutschland?
   □ Seit ungefähr einem halben Jahr.
   ■ Sie _____ ja schon sehr gut Deutsch.
   □ Danke, es _____ so.
2. ■ Es _____ schon spät. Die letzte U-Bahn _____ in zwanzig Minuten.
   □ Das macht nichts. Ich _____ dich mit meinem Auto nach Hause.
   ■ Vielen Dank, das _____ sehr nett von dir.
3. ■ Ich _____ Martin. Und wie _____ du?
   □ Isabel.
   ■ Und woher _____ du?
   □ Aus Venezuela.
   ■ Wie lange _____ du schon in Deutschland?
   □ Seit zwei Monaten.
4. ■ Warum _____ du Oma nicht? Du _____ doch, dass sie viel Arbeit hat.
   □ Ich _____ nicht, wie ich ihr helfen kann.
   ■ Warum _____ du sie dann nicht? Sie _____ es dir dann schon.

4 次の動詞の過去分詞を作り，グループ分けしなさい。

laufen	bezahlen	sagen	erzählen	schenken	suchen
verstehen	probieren	schließen	geschehen	holen	studieren
empfehlen	kaufen	entscheiden	haben	vergessen	singen
leihen	gefallen	wohnen			

ge▬en   ge▬t   ▬en   ▬t
gelaufen   geschenkt   vergessen   erzählt

5 habenかseinを人称変化させて空欄に補いなさい。

1. ■ Wie __bist__ du hierher gekommen?
   □ Ich _____ ein Taxi genommen.
2. ■ Was _____ Sie am Wochenende gemacht?
   □ Ich _____ zum Schwimmen gegangen.
3. ■ _____ ihr euch schon die Innenstadt angesehen?
   □ Ja, gestern.
   ■ Und wie _____ es euch gefallen?
   □ Sehr gut. Wir _____ sogar in einer Kirche ein Orgelkonzert gehört.
4. ■ Warum _____ du denn so müde?
   □ Ich _____ gestern mit einer Freundin in die Disco gegangen. Danach _____ ich lange nicht eingeschlafen. Vielleicht _____ ich auch am Nachmittag zu viel Kaffee getrunken.
5. ■ _____ Sie schon umgezogen?
   □ Nein, wir _____ die Wohnung noch nicht fertig renoviert.
6. ■ Wann _____ Sie geboren?
   □ Am 12.1.1968.
   ■ Und wann _____ Sie mit dem Studium begonnen?
   □ 1988.

6 先週末に何をしましたか？作文しなさい。

1. lange schlafen　　　　　Ich habe lange geschlafen.
2. gemütlich frühstücken
3. in Ruhe Zeitung lesen
4. einen Brief schreiben
5. einen Mittagsschlaf machen
6. spazieren gehen
7. zum Abendessen mit Freunden ins Restaurant gehen
8. einen Film im Fernsehen sehen

7 　完了形で質問しなさい。

viel arbeiten	mit dem Auto fahren	etwas Schönes machen
Zeitung lesen	Radio hören	jemandem helfen
spazieren gehen	Essen kochen	schwimmen
früh aufstehen	eine Liebeserklärung machen	Fahrrad fahren

1. Haben Sie heute viel gearbeitet?
2. Sind Sie heute früh aufgestanden?
3. _____
4. _____

8 　過去形に直しなさい。

現在	過去基本形	完了形
1. Der Unterricht fängt an.	fing an	hat angefangen
2. Sie bringt mir ein Geschenk.	_____	hat gebracht
3. Der Arzt verbindet die Wunde.	_____	hat verbunden
4. Er zieht sich um.	_____	hat sich umgezogen
5. Die Katze frisst die Maus.	_____	hat gefressen

9 「報告」：適切な動詞を選び，過去形にして補いなさい．

| gehen | ankommen | nehmen | auspacken | essen | fahren | gehen |
| suchen | gehen | empfehlen | kennen | duschen | haben | sein |

1. Ich ___kam___ um 17.13 Uhr am Hauptbahnhof ___an___ .
2. Als Erstes _____ ich mir ein Hotel.
3. Da ich keine Hotels in Frankfurt _____ , _____ ich zur Touristeninformation.
4. Dort _____ man mir ein sehr schönes, kleines Hotel im Zentrum.
5. Ich _____ ein Taxi und _____ in das Hotel.
6. Dort _____ ich meine Koffer _____ und _____ .
7. Danach _____ ich ins Restaurant und _____ sehr viel, da ich großen Hunger _____ .
8. Schließlich _____ ich sehr müde und _____ ins Bett.

10 過去完了を使って，質問に答えなさい．

1. Warum mussten Sie noch einmal nach Hause zurückfahren?
   (meinen Pass vergessen)
   　___Weil ich meinen Pass vergessen hatte.___
2. Warum konntest du die Tür nicht aufschließen?
   (den Schlüssel nicht mitgenommen)
3. Warum durftest du nicht mitkommen?
   (meine Eltern verbieten es)
4. Warum mussten Sie gestern so lange im Büro bleiben?
   (der Chef bitten mich darum)
5. Warum konntest du nichts zu essen einkaufen?
   (die Geschäfte schon geschlossen)
6. Warum bist du gestern Abend nicht länger geblieben?
   (plötzlich müde werden)

11 適切な動詞を過去完了形にして空欄に補いなさい。

| spülen | beenden | ~~essen~~ | abfahren | aufhören |
| werden | heimgehen | einladen | vergessen | |

1. Als ich gestern Abend nach Hause kam, __hatten__ meine Eltern schon __gegessen__ .
2. Bis wir am Bahnhof ankamen, _____ der Zug schon _____ .
3. Bis ich morgens aufstand, _____ mein Mann bereits das ganze Geschirr von der Party _____ .
4. Ich war am Wochenende in Paris. Eine Freundin _____ mich _____ .
5. Als wir in Bremen ankamen, _____ der Regen schon _____ und es _____ zum Glück auch wärmer _____ .
6. Als ich zur Party kam, _____ die meisten Gäste bereits_____ .
7. Als ich ihn kennenlernte, _____ er schon sein Studium _____ .
8. Inge ging noch schnell einmal nach Hause zurück, weil sie ihre Fahrkarte _____ _____ .

12 現在形と完了形：与えられた語句を使って短い対話文を作りなさい。
今日はいつもと違うことをしたBritta。友だちが普段の生活を尋ねます。

1. mit dem Bus ins Büro fahren — Auto
   ☐ Fährst du immer mit dem Bus ins Büro?
   ■ Normalerweise ja, aber heute bin ich mit dem Auto gefahren.
2. um 7.00 Uhr aufstehen — 8.30 Uhr
3. um 8.30 Uhr mit der Arbeit anfangen — 10.00 Uhr
4. mittags in der Kantine essen — ein Sandwich im Büro essen
5. um 17.00 Uhr nach Hause fahren — 19.00 Uhr
6. auf dem Rückweg vom Büro einkaufen — direkt nach Hause fahren
7. abends Freunde treffen — allein zu Hause bleiben
8. um 23.00 Uhr ins Bett gehen — 22.00 Uhr

13 未来：与えられた語句を使って疑問文を作りなさい。

1. am - was - du - Wochenende - machen
   <u>Was machst du am Wochenende?</u>
2. heute Abend - Kino - mit mir - du - ins - gehen
3. wie lange - im - du - Sommer - Urlaub machen
4. wann - mich - besuchen - Sie
5. morgen - spazieren gehen - wir
6. Sonntag - wir - am - schwimmen gehen
7. nächstes Jahr - in die - wieder - Sie - fliegen - USA
8. nach der Arbeit - gehen - ins - Café - wir - noch

1☆3　不規則動詞変化一覧

不定形（3人称単数）	過去基本形	過去分詞	完了の助動詞
ab|biegen	bog ab	abgebogen	sein
an|bieten	bot an	angeboten	haben
an|fangen (fängt an)	fing an	angefangen	haben
backen (bäckt)	backte / buk	gebacken	haben
beginnen	begann	begonnen	haben
betrügen	betrog	betrogen	haben
beweisen	bewies	bewiesen	haben
bewerben (bewirbt)	bewarb	beworben	haben
bitten	bat	gebeten	haben
bleiben	blieb	geblieben	haben
braten (brät)	briet	gebraten	haben
brechen (bricht)	brach	gebrochen	haben
brennen	brannte	gebrannt	haben
bringen	brachte	gebracht	haben
denken	dachte	gedacht	haben
dürfen (darf)	durfte	gedurft / dürfen*	haben
empfehlen (empfiehlt)	empfahl	empfohlen	haben
entscheiden	entschied	entschieden	haben
erschrecken (erschrickt)	erschrak	erschrocken	sein
essen (isst)	aß	gegessen	haben
fahren (fährt)	fuhr	gefahren	sein
fallen (fällt)	fiel	gefallen	sein
finden	fand	gefunden	haben
fliegen	flog	geflogen	sein
fließen	floss	geflossen	sein
fressen (frisst)	fraß	gefressen	haben
frieren	fror	gefroren	haben
geben (gibt)	gab	gegeben	haben
gehen	ging	gegangen	sein

不定形（3人称単数）	過去基本形	過去分詞	完了の助動詞
gelingen	gelang	gelungen	sein
gelten (gilt)	galt	gegolten	haben
geschehen (geschieht)	geschah	geschehen	sein
gewinnen	gewann	gewonnen	haben
haben (hat)	hatte	gehabt	haben
halten (hält)	hielt	gehalten	haben
hängen	hing	gehangen	sein/haben
heben	hob	gehoben	haben
heißen	hieß	geheißen	haben
helfen (hilft)	half	geholfen	haben
kennen	kannte	gekannt	haben
kommen	kam	gekommen	sein
können (kann)	konnte	gekonnt / können*	haben
laden (lädt)	lud	geladen	haben
lassen (lässt)	ließ	gelassen	haben
laufen (läuft)	lief	gelaufen	sein
leiden	litt	gelitten	haben
leihen	lieh	geliehen	haben
lesen (liest)	las	gelesen	haben
liegen	lag	gelegen	sein / haben
messen (misst)	maß	gemessen	haben
mögen (mag)	mochte	gemocht	haben
müssen (muss)	musste	gemusst / müssen*	haben
nehmen (nimmt)	nahm	genommen	haben
nennen	nannte	genannt	haben
raten (rät)	riet	geraten	haben
riechen	roch	gerochen	haben
rufen	rief	gerufen	haben
scheinen	schien	geschienen	haben
schieben	schob	geschoben	haben
schlafen (schläft)	schlief	geschlafen	haben
schlagen (schlägt)	schlug	geschlagen	haben

不定形（3人称単数）	過去基本形	過去分詞	完了の助動詞
schließen	schloss	geschlossen	haben
schneiden	schnitt	geschnitten	haben
schreiben	schrieb	geschrieben	haben
schreien	schrie	geschrien	haben
schweigen	schwieg	geschwiegen	haben
schwimmen	schwamm	geschwommen	sein
sehen (sieht)	sah	gesehen	haben
sein (ist)	war	gewesen	sein
senden	sandte	gesandt**	haben
	sendete	gesendet	haben
singen	sang	gesungen	haben
sinken	sank	gesunken	sein
sitzen	saß	gesessen	sein / haben
sprechen (spricht)	sprach	gesprochen	haben
springen	sprang	gesprungen	sein
stehen	stand	gestanden	sein / haben
stehlen (stiehlt)	stahl	gestohlen	haben
steigen	stieg	gestiegen	sein
sterben (stirbt)	starb	gestorben	sein
streiten	stritt	gestritten	haben
tragen (trägt)	trug	getragen	haben
treffen (trifft)	traf	getroffen	haben
treiben	trieb	getrieben	haben
treten (tritt)	trat	getreten	haben
trinken	trank	getrunken	haben
tun	tat	getan	haben
überweisen	überwies	überwiesen	haben
verbieten	verbot	verboten	haben
verbinden	verband	verbunden	haben
vergessen (vergisst)	vergaß	vergessen	haben
vergleichen	verglich	verglichen	haben
verlieren	verlor	verloren	haben

不定形（3人称単数）	過去基本形	過去分詞	完了の助動詞
verzeihen	verzieh	verziehen	haben
wachsen (wächst)	wuchs	gewachsen	sein
waschen (wäscht)	wusch	gewaschen	haben
wenden	wandte	gewandt**	haben
	wendete	gewendet	haben
werden (wird)	wurde	geworden	sein
werfen (wirft)	warf	geworfen	haben
wiegen	wog	gewogen	haben
wissen (weiß)	wusste	gewusst	haben
ziehen	zog	gezogen	haben
zwingen	zwang	gezwungen	haben

* 8〜11ページ参照

** 意味の違いにより，過去形と過去分詞が2通り（規則／不規則）ある。

senden: （ラジオ・テレビ）Die letzten Nachrichten werden um Mitternacht **gesendet**.

（郵便）Er hat mir einen Brief **gesandt**.

wenden: In dieser Sache **wandte** er sich an einen Rechtsanwalt. （相談する）

Sie hat den Wagen vor dem Haus **gewendet**. （ターンさせる）

1★4 分離動詞と非分離動詞

Trennbare und untrennbare Verben

前つづりのつかない動詞	Er **fängt** den Ball.　彼はボールをキャッチする。
分離する前つづりを伴う動詞（分離動詞）	Der Unterricht **fängt** um 9.00 Uhr **an**.　授業は9時に始まる。
分離しない前つづりを伴う動詞（非分離動詞）	Der Unterricht **beginnt** um 9.00 Uhr.　授業は9時に始まる。

	分離動詞	非分離動詞
	an|fangen 始める	**beginnen** 始める
現在形	ich fange … **an**	ich **be**ginne …
過去形	ich fing … **an**	ich **be**gann …
現在完了形	ich habe … **an**gefangen	ich habe … **be**gonnen
助動詞と	ich möchte … **an**fangen	ich möchte … **be**ginnen
疑問文	Wann fängst du … **an**?	Wann **be**ginnst du...?
命令形	Fang **an**!	**Be**ginne!
zu＋不定詞	Ich denke, bald … **an**zufangen.	Ich denke, bald … zu **be**ginnen.
	ich fahre … **ab**　（乗り物で）出発する	ich **be**ginne　始める
	ich komme … **an**　到着する	ich **emp**fehle　勧める
	ich mache … **auf/zu**　開ける／閉める	ich **ent**scheide　決める
	ich gehe … **aus**　外出する	ich **er**zähle　物語る
	ich arbeite … **zusammen**　共同作業をする	ich **ge**höre　所属する
	ich kaufe … **ein**　買い物をする	ich **miss**verstehe　誤解する
	ich stelle … **fest**　確認する	ich **ver**stehe　理解する
	ich fahre … **hin**　（乗り物である場所へ）行く	ich **zer**störe　破壊する

■非分離の前つづり　次の前つづりで始まる動詞は常に非分離動詞である。

| be- | ent- | ge- | ver- |
| emp- | er- | miss- | zer- |

■分離の前つづり　単独でも用いることのできる前つづりを伴う動詞は，ほとんどが分離動詞である。

ab-	bei-	hin-	weg-	an-	ein-
los-	zu-	auf-	fest-	mit-	zurück-
aus-	her-	vor-	zusammen-など		

1ポイントレッスン

分離動詞は分離の前つづりに，非分離動詞は動詞の幹母音にアクセントがある。

例　éin|kaufen　買い物をする　　vergéssen　忘れる

■分離・非分離の前つづり

| durch- | über- | unter- | wider- |
| hinter- | um- | voll- | wieder- |

Ich **steige** in Frankfurt **um**.
私はフランクフルトで乗りかえる。

Wir **wiederholen** die Lektion.
その課を復習する。

1ポイントレッスン

非分離か分離か　見分けるコツ
・前つづりとなっている前置詞本来の意味が具体的に現れている。
→分離動詞
Er **setzt** mit der Fähre **über**. 彼は渡し船で向こう岸へ渡す。
・前つづりとなっている前置詞本来の意味が抽象的。→非分離動詞
Ich **übersetze** den Text ins Japanische.
私はテキストを日本語に翻訳する。

■重要な分離・非分離動詞

非分離動詞

über-
- er **über**fährt　轢く
- er **über**legt　熟考する
- er **über**nimmt　引き受ける
- er **über**redet　説得する
- er **über**weist　振り込む
- er **über**holt　追い越す
- er **über**nachtet　泊まる
- er **über**rascht　びっくりさせる
- er **über**setzt　翻訳する
- er **über**zeugt　納得させる

unter-
- er **unter**richtet　授業をする
- er **unter**schreibt　署名する
- er **unter**sucht　調査する
- er **unter**scheidet　区別する
- er **unter**stützt　援助する

wider-
- er **wider**spricht　反論する

wieder-
- er **wieder**holt　繰り返す

分離動詞

um-
- er steigt ... **um**　乗り換える
- er zieht ... **um**　引っ越す
- er tauscht ... **um**　交換する

1

3人称単数現在形に直し，分離動詞と非分離動詞に分けなさい。

weggehen　versuchen　bezahlen　weglaufen　bestellen
　zurückgeben　misstrauen　vergleichen　entwickeln
gelingen　mitarbeiten　abfliegen　ausfallen　erlauben
　vorstellen　einschließen　zurückschauen

分離	非分離
er schaut ... zurück	er erlaubt

2

例にならって現在形の文を作りなさい。

Was macht eine Hausfrau?
1. das Baby anziehen　　　Sie zieht das Baby an.
2. das Frühstück vorbereiten
3. den Tisch abräumen
4. das Geschirr spülen und abtrocknen
5. Lebensmittel einkaufen
6. die Wäsche aufhängen
7. die Tochter vom Kindergarten abholen
8. die Wohnung aufräumen

3

2で作った文を現在完了形に直しなさい。

Was hat sie den ganzen Tag gemacht?　　1. Sie hat das Baby angezogen.

4 現在完了形：与えられた語を使って作文しなさい。

1. die Haustür - abschließen - er - nicht
   Er hat die Haustür nicht abgeschlossen.
2. das Rauchen - der Arzt - mir - verbieten
3. wann - aufstehen - du - heute?
4. die unregelmäßigen Verben - ihr - wiederholen?
5. sie - im Schlafzimmer - verstecken - ihr ganzes Geld
6. warum - noch nicht - du - dich - umziehen?
7. nach zwei Stunden - der Direktor - beenden - die Diskussion
8. meine kleine Tochter - dieses schöne Glas - zerbrechen - leider
9. Papa - noch nicht - anrufen
10. anfangen - wann - der Film?

5 分離・非分離？：動詞を適切な形にして空欄に補いなさい。

1. __Drehen__ Sie das Steak nach drei Minuten __um__ . umdrehen
2. Er __versteht__ keinen Spaß . verstehen
3. Bitte _____ Sie doch schon mit dem Essen _____ . beginnen
4. Wer von euch _____ mit mir nachher die Wohnung _____ ? aufräumen
5. _____ dir doch eine Pizza beim Pizza-Service _____ . bestellen
6. Warum _____ du sie nicht _____ ? anrufen
7. Er _____ immer so lustige Geschichten _____ . erzählen
8. Sie _____ sich immer erst in letzter Minute _____ . entscheiden

1✪5 再帰動詞　Reflexive Verben

主語と同じ人・事物を表す代名詞を**再帰代名詞**，再帰代名詞と結びつけて用いられる動詞を**再帰動詞**という。

用法

sich erholen
休養する

Ich habe **mich** im Urlaub gut **erholt**.
　　　　　4格（唯一の目的語）
私は休暇中によく休養した。

sich etwas überlegen
じっくり考える

Ich habe **mir** diese Entscheidung gut **überlegt**.
　　　　　3格　　4格
私はこの決断をじっくり考えた。

再帰動詞と再帰ではない動詞の両方の使い方がある動詞

an|ziehen

Ich ziehe den Mantel an.　私はコートを着る。
　　　　　　4格

sich an|ziehen

Ich ziehe **mich** an.　私は服を着る。
　　　　　4格

Ich ziehe **mir** einen Pullover an.　私はセーターを着る。
　　　　　3格　　4格

再帰代名詞は，文中で唯一の目的語となる場合，4格となる。例外：3格目的語をとる動詞→207ページ

Ich habe **mich** im Urlaub gut erholt.
　　　　　4格
　　　　　　　　　　　私は休暇中によく休養した。

目的語が二つある場合は，人物が3格（＝再帰代名詞），物事が4格となる。▶動詞の結合価 207-209ページ

Ich ziehe **mir** eine Jacke an.　私は上着を着る。
　　　　　3格　　4格

人称変化

再帰代名詞は3人称単数と複数（sich）以外は人称代名詞と同じ。

sich freuen　嬉しい　　4格

ich	freue	mich	wir	freuen	uns
du	freust	dich	ihr	freut	euch
er, sie, es	freut	**sich**	sie, Sie	freuen	**sich**

sich an|ziehen　着る

		3格	
Ich	ziehe	mir	eine Jacke an.
Du	ziehst	dir	eine Jacke an.
Er	zieht	**sich**	eine Jacke an.
Wir	ziehen	uns	eine Jacke an.
Ihr	zieht	euch	eine Jacke an.
Sie	ziehen	**sich**	eine Jacke an.

主語に複数（wir, sieなど）やmanを使うとき，「お互いに」といった相互の関係を表す動詞がある。

lieben　　　Er liebt sie und sie liebt ihn.
　　　　　　　　彼は彼女を愛し，彼女は彼を愛している。
　　　　→　Sie lieben **sich**.　彼らは愛し合っている。

■前置詞＋einander

前置詞を用いるときはsichではなく前置詞＋einander で相互の関係を表す。

Er ist glücklich mit ihr und sie ist glücklich mit ihm.
彼は彼女と一緒にいて幸せで，彼女は彼と一緒にいて幸せである。

→Sie sind glücklich **miteinander**.　彼らはお互いに幸せである。
　　　　　　　　　　　前置詞＋einander

Ich habe **mich** im Urlaub gut erholt.　私は休暇中によく休養した。
Im Urlaub habe ich **mich** gut erholt.　休暇中に私はよく休養した。
Er hat erzählt, dass er **sich** im Urlaub gut erholt hat.　彼は，休暇中によく休養したと話した。

重要な再帰動詞

sich amüsieren　　　Wir haben **uns** auf der Party gut **amüsiert**.
　楽しむ　　　　　　　私たちはパーティーで大いに楽しんだ。

sich auf|regen　　　Sie hat **sich** sehr über ihren Chef **aufgeregt**.
　腹を立てる　　　　　彼女は上司のことでとても腹を立てた。

sich bedanken　　　Ich möchte **mich** ganz herzlich für die Blumen
　礼を言う　　　　　　**bedanken**.　お花をもらったことについて心からお礼申し上げます。

sich beeilen 急ぐ	**Beeil dich** bitte! 急いでちょうだい！	
sich bemühen 努力する	Ich werde **mich** sehr um diesen Job **bemühen**. 私はこの仕事を得るために大いに努力するつもりだ。	
sich beklagen 文句を言う	Sie **beklagt sich** immer über alles. Nichts gefällt ihr. 彼女はいつもあらゆることに関して文句を言う。何も気に入らないのだ。	
sich beschweren 苦情を言う	Er hat **sich** beim Kellner über das schlechte Essen **beschwert**. 彼はウエイターに，まずい食事のことで苦情を言った。	
sich entschließen 決める	Wir haben **uns** zu einem Kurzurlaub **entschlossen**. 私たちは短い休暇を取ることに決めた。	
sich erholen 休養する	Habt ihr **euch** im Urlaub gut **erholt**? 君たちは休暇でよく休養したの？	
sich erkälten 風邪を引く	Er hat **sich** beim Radfahren **erkältet**. 彼はサイクリングの際に風邪を引いた。	
sich erkundigen 問い合わせる	Haben Sie **sich** schon nach einer Zugverbindung **erkundigt**? 列車の乗り換え時刻についてもう問い合わせましたか？	
sich freuen 喜ぶ	Wir haben **uns** sehr über Ihren Besuch **gefreut**. あなたが尋ねてきてくれてとても嬉しかったです。	
sich irren 思い違いをする	Tut mir leid, da habe ich **mich** wohl **geirrt**. ごめんなさい，どうやら思い違いをしていたようです。	
sich kümmern 世話をする	Er **kümmert sich** sehr um seine kranke Frau. 彼は彼の妻をとてもよく世話している。	
sich verabreden （会う）約束をする	Wir haben **uns** für heute Abend **verabredet**. 私たちは今晩会う約束をした。	
sich verabschieden 別れのあいさつを言う	Einen Moment bitte. Ich muss **mich** noch **verabschieden**. ちょっと待ってください。まだお別れを言わなければなりません。	
sich verlieben 恋に落ちる	Sie hat **sich** schon wieder **verliebt**. 彼女はまたもや恋に落ちた。	
sich vor|stellen 自己紹介する	Darf ich **mich vorstellen**? Ich heiße Peter Kramer. 自己紹介してもいいですか？　私はペーター・クラーマーと申します。	

1

例にならって4格の再帰代名詞を補いなさい。

1. Ich ziehe __mich__ aus. (sich aus|ziehen)
2. Sie hat _____ verliebt. (sich verlieben)
3. Ich kann _____ nicht erinnern. (sich erinnern)
4. Du wunderst _____ . (sich wundern)
5. Er wäscht _____ . (sich waschen)
6. Wir treffen _____ heute Abend. (sich treffen)
7. Habt ihr _____ im Urlaub gut erholt? (sich erholen)

2

例にならって3格の再帰代名詞を補いなさい。

1. Ich habe __mir__ das Buch gerade angesehen.
2. Ich kann _____ nicht vorstellen, dass das richtig ist.
3. Es wird sicher kalt. Zieh _____ lieber noch eine warme Jacke an.
4. Wir machen _____ große Sorgen um unsere Kinder.
5. Habt ihr _____ das auch gut überlegt?
6. Wasch _____ bitte die Hände, sie sind ganz schmutzig.

3

再帰代名詞を補いなさい。

1. ■ Warum wäschst du _____ schon wieder die Haare?
   □ Weil ich heute Abend noch ausgehe.
2. ■ Was ist denn passiert?   □ Ich habe _____ die linke Hand verbrannt.
3. ■ Zieh _____ bitte um, wir müssen gehen.
   □ Was soll ich _____ denn anziehen? Den Mantel oder die Jacke?
4. ■ Ich kann _____ deine Telefonnummer einfach nicht merken.
   □ Dann schreib sie _____ doch endlich mal auf.
5. ■ Ich möchte _____ für meine Verspätung entschuldigen. Ich habe den Zug verpasst.
   □ Dafür brauchen Sie _____ doch nicht zu entschuldigen. Das kann jedem passieren.
6. ■ Nehmen Sie _____ doch noch etwas Kuchen.
   □ Nein, danke. Ich bin wirklich satt.

1★6 不定詞 Infinitiv

ほとんどの動詞の不定詞は語尾 -en を持つが，語尾 -n を持つ動詞もある。

語尾 -en　fragen 質問する

語尾 -n　sein (=be), tun する, erinnern 思い出す, lächeln 微笑む

zuを使わない不定詞

複合時称（未来形，接続法Ⅱ式）

Ich werde dich bestimmt **besuchen**. 必ず君に会いに行くよ。
Ich würde gern Chinesisch **lernen**.
私は中国語を学んでみたい。

話法の助動詞とともに用いるとき

Ich muss jetzt **gehen**. 私はもう行かねばならない。
Ich möchte gern schwimmen **lernen**. 私は水泳を習いたい。

使役の助動詞lassenのほかhören（聞こえる），sehen（見える），fühlen（感じる）などの知覚動詞とともに用いるとき

■現在形

Ich <u>lasse</u> mir die Haare **schneiden**. 私は髪を切ってもらう。
Ich <u>höre</u> sie **kommen**. 彼女がやってくるのが聞こえる。

■現在完了形

| haben + 不定詞 + 不定詞 |

助動詞lassenと知覚動詞の現在完了形では，過去分詞として不定詞を使う。

Ich habe mir die Haare **schneiden lassen**.
私は髪を切ってもらった。

Ich habe sie **kommen hören**. 私は彼女がやって来るのを聞いた。

不定詞とともに用いることができる動詞

bleiben …したままでいる　　　gehen …しに行く
fahren 乗り物で…しに行く　　　helfen …するのを助ける
lernen …することを学ぶ

■現在形

Bleiben Sie bitte **sitzen**!
どうぞお掛けになったままでいてください。

Ich gehe jetzt **einkaufen**. 私は今から買い物に行きます。

■現在完了形	sein / haben ＋過去分詞	
	Ich bin **sitzen** geblieben.	私は座ったままでいた／私は留年した。
	Ich bin **einkaufen** gegangen.	私は買い物に行った。
	Ich habe **surfen** gelernt.	私はサーフィンを習った。
■要求話法	Bitte nicht **rauchen**!	喫煙しないでください！
	Fenster **schließen**!	窓を閉めること！

1ポイントレッスン

Mein Hobby ist Musik hören.
私の趣味は音楽を聞くことです。
Deutsch lernen macht mir Spaß.
私はドイツ語を学ぶのが楽しい。

この場合の不定詞句は英語の動名詞句と同じようなもので，不定詞の前にzuは必要ありません。

zu＋不定詞句	ほとんどの動詞は他の動詞と組み合わせて使うとき，「zu＋不定詞」の形をとる。
zu＋不定詞句と用いる重要動詞	
an|fangen/beginnen 始める	Ich habe angefangen **zu lernen**. 私は勉強し始めた。
an|bieten 提供する，勧める	Ich habe ihnen angeboten **zu kommen**. 私は彼らに来るように勧めた。
auf|hören やめる	Es hat aufgehört **zu regnen**. 雨が止んだ。
beschließen/entscheiden 決める	Wir haben beschlossen **zu streiken**. 我々はストライキをすることを決めた。
bitten 頼む	Ich habe dich nicht gebeten **zu helfen**. 私は君に手伝ってくれと頼んでいない。
erlauben 許可する	Ich habe dir nicht erlaubt **auszugehen***. 私は君に外出を許可しなかった。

1-6 不定詞

sich freuen 喜ぶ，楽しみにする	Ich freue mich **zu kommen**. 私は来ることを楽しみにしている。
Angst/Zeit/Lust haben 不安／時間／する気がある	Ich habe keine Lust **zurückzufahren***. 私は戻る気がない。
hoffen 望む	Ich hoffe **zu gewinnen**.　私は勝つことを望んでいる。
raten 助言する	Ich rate Ihnen **zu bleiben**. 私はあなたに留まるように助言します。(=留まったほうがいいですよ。)
verbieten 禁止する	Er hat uns verboten **zu rauchen**. 彼は我々に喫煙を禁じた。
vergessen 忘れる	Ich habe vergessen **einzukaufen***. 私は買い物をするのを忘れた。
versprechen 約束する	Er hat versprochen **zu kommen**.　彼は来ると約束した。
versuchen 試みる	Er hat versucht **zu schlafen**.　彼は寝ようと試みた。
vor|haben (…する) 予定である	Ich habe vor **zu fahren**. 私は運転する予定である。
vor|schlagen 提案する	Ich schlage vor **zu warten**. 私は待つことを提案する。

　　　　　　　　＊ 分離動詞の zu 不定詞は，前つづりと本動詞の間に zu を置き，つなげて書く。
　　　　　　　　▶um ... zu, ohne ... zu, anstatt ... zuを用いる副文は231-233ページ

不定詞の名詞化	多くの動詞は名詞化して中性名詞として用いることができる。頭文字を大文字で書く。 Ich habe **das Fehlen** des Passes erst am nächsten Tag bemerkt.　私はパスポートの紛失に，翌日になってようやく気が付いた。 Beim **Arbeiten** am Computer tun mir nach einer Weile die Augen weh. コンピュータで作業するとき，しばらくすると目が痛む。

1 zuが必要な場合には空欄に補いなさい。

1. Du sollst nicht so laut _____ sprechen.
2. Ich hoffe, Sie bald wieder _____ sehen.
3. Wir haben schon angefangen _____ kochen.
4. Hören Sie ihn schon _____ kommen?
5. Warum lassen Sie den alten Fernseher nicht _____ reparieren?
6. Wir werden ganz bestimmt _____ kommen.
7. Ich helfe dir das Geschirr _____ spülen.
8. Setzen Sie sich doch. - Nein danke, ich bleibe lieber _____ stehen.

2 例にならって現在形の文を作りなさい。

1. Ich - sich vornehmen - pünktlich kommen
   Ich nehme mir vor, pünktlich zu kommen.
2. Wir - nächste Woche - Zeit haben - unsere Freunde besuchen
3. Er - nicht wollen - mitkommen
4. Wir - hoffen - ihn - dazu überreden - noch
5. Leider - er - fast nie - Lust haben - reisen
6. Er - würde - am liebsten - immer zu Hause - bleiben
7. Aber - wir - gehen - gern - Kleidung einkaufen - in Paris
8. Ich - weinen - höre - das Baby

3 zu不定句を使って文を完成させなさい。

1. Ich habe keine Angst, *in der Nacht im Park spazieren zu gehen.*
2. Ich habe heute keine Lust, _____
3. Es macht mir Spaß, _____
4. Ich gebe mir viel Mühe, _____
5. Ich zwinge niemanden, _____
6. Ich freue mich darauf, _____

1★7 命令形　Imperativ

duに対する命令形	主語のduを省き，動詞の語幹を用いる。
	（現在形）du kommst
	（命令形）**Komm!**　来て！おいで！
ihrに対する命令形	主語のihrを省き，語幹に-tの語尾をつける。
	（現在形）ihr kommt
	（命令形）**Kommt!**　来て！おいで！
Sieに対する命令形	主語のSieを省かず，語幹に-enの語尾をつける。
	（現在形）Sie kommen
	（命令形）**Kommen Sie!**　来てください！

1ポイントレッスン

duに対する命令形に -e の語尾をつけることがあるが，これは例外で，基本法則ではない。語幹が d/t/r/n で終わる動詞のみ，-e を付け加えることができるが，話し言葉では発音されないことが多い。

Komm!　おいで！
Arbeit[e]!　働きなさい！

■haben, sein, werden

du	ihr	Sie
Hab Geduld! 我慢して！	**Habt** Geduld!	**Haben Sie** Geduld! 我慢してください！
Sei leise! 静かに！	**Seid** leise!	**Seien Sie** leise! 静かにしてください！
Werd[e] glücklich! 幸せになって！	**Werdet** glücklich!	**Werden Sie** glücklich! 幸せになってください！

■不規則動詞(1)　幹母音が e→ i[e] と変化する不規則動詞のみ，du に対する命令形で幹母音が変わる。

lesen 読む	**Lies** den Text!	テキストを読みなさい！
	Lest den Text!	
	Lesen Sie den Text!	テキストを読んでください！
essen 食べる	**Iss** langsamer!	もっとゆっくり食べてちょうだい！
	Esst langsamer!	
	Essen Sie langsamer!	もっとゆっくり召しあがってください！

■不規則動詞(2)

単数形で a→ä にウムラウトするものは，不定詞の語幹と同じ形である。

laufen 走る	**Lauf** schneller!	もっと速く走って！
	Lauft schneller!	
	Laufen Sie schneller!	もっと速く走ってください！
fahren 乗り物で行く	**Fahr** nach Hause!	家に帰りなさい！
	Fahrt nach Hause!	
	Fahren Sie nach Hause!	家に帰ってください！
schlafen 眠る	**Schlaf** nicht so lange!	そんなに長いこと寝ないように！
	Schlaft nicht so lange!	
	Schlafen Sie nicht so lange!	そんなに長いこと寝ないでください！

■語尾 -eln, -ern の動詞

klingeln ベルを鳴らす	**Klingle** zwei Mal!	二度ベルを鳴らして！
	Klingelt zwei Mal!	
	Klingeln Sie zwei Mal!	二度ベルを鳴らしてください！
ändern 変える	**Änd[e]re** nichts!	何も変えないで！
	Ändert nichts!	
	Ändern Sie nichts!	何も変えないでください！

用法

■お願い

Kommen Sie bitte hierher!　どうぞこちらへおいでください。
Leih mir bitte mal dein Wörterbuch!
ちょっと君の辞書を貸してちょうだい。

■助言

Trink nicht so viel Alkohol!
そんなにたくさんアルコールを飲まないで。
Geh doch mal wieder schwimmen!
また泳ぎに行ってきなさい。

■（親切な）要求

Setzen Sie sich doch! どうぞお掛けになってください！

Nimm doch noch ein Stück Kuchen!
ケーキをもうひとつお取りなさい。

■ぶしつけな要求

Macht sofort das Fenster zu! すぐに窓を閉めなさい！

Geh weg! あっちへ行け！

お願いや助言をする際には，命令形よりも接続法Ⅱ式を用いたほうがより丁寧である。

Würden Sie bitte hierher kommen?
こちらへ来ていただけますでしょうか。

Könntest du mir bitte mal dein Wörterbuch leihen?
君の辞書を貸してもらえるかしら？

Du **solltest** nicht so viel Alkohol trinken.
そんなにたくさんアルコールを飲まないほうがいいよ。

Du **solltest** mal wieder schwimmen gehen.
君はまた泳ぎに行ってみたら良いのではないか。

▶接続法Ⅱ式は63〜67ページ

1 duとihrに対する命令文を作りなさい。

leise sein　　　　　　das Fenster zumachen　　den Text vorlesen
die Regel aufschreiben　lauter sprechen　　　　das Buch aufschlagen
im Wörterbuch nachsehen　die Bücher schließen　an die Tafel kommen

Was sagt Ihr Lehrer?
du _____　　ihr _____
Lies den Text vor!　　　　　　　Lest den Text vor!
…　　　　　　　　　　　　　　…

2 命令形にしなさい。

1. _____ keine Angst!　　　　　　　　　　　　　haben (ihrに対して)
2. _____ bitte lauter, ich verstehe dich so schlecht!　sprechen (duに対して)
3. _____ mir bitte mal schnell den Stift dort!　　geben (duに対して)
4. _____ doch nicht so ungeduldig!　　　　　　　sein (duに対して)
5. _____ doch Rücksicht auf deine Schwester!　　nehmen
6. _____ mir, wenn ich dich etwas frage!　　　　antworten

3 分離動詞：duに対する命令形にしなさい。

1. _____ doch _____ !　　　　　　　　　　　　　aufpassen
2. _____ doch nicht immer vor dem Fernseher _____ !　einschlafen
3. _____ endlich _____ !　　　　　　　　　　　　anfangen
4. _____ bitte _____ !　　　　　　　　　　　　　mitkommen
5. _____ ihn doch mal zum Abendessen _____ !　　einladen
6. _____ den roten Pullover _____ !　　　　　　　mitnehmen

4 再帰動詞：指示に従って命令形にしなさい。

1. _____ ein bisschen, der Zug fährt gleich ab!　sich beeilen (ihrに対して)
2. _____ bitte nach den Zugverbindungen!　sich erkundigen (Sieに対して)
3. _____ endlich!　　　　　　　　　　　　sich entscheiden (duに対して)
4. _____ doch! Bald ist Weihnachten!　　　sich freuen (ihrに対して)
5. _____ nicht, ich kann das allein erledigen!　sich bemühen (Sieに対して)
6. _____ doch nicht dauernd, anderen Menschen geht es viel schlechter als dir!　　　　　　　　　　　　　　sich beklagen (duに対して)

1✪8　受動態　Passiv

用法
■能動態　行為者（動作主）が重要。

■ Was ist denn das für ein Lärm?
　この騒音はいったいなんだい？

□ Die Nachbarn **bauen** eine Garage.
　隣の人たちがガレージを建てているのよ。

■受動態　なされる行為や事柄が重要。

■ Was ist denn das für eine Baustelle?
　この工事現場はいったいなんだい？

□ Hier **wird** eine neue Autobahn **gebaut**.
　ここに新しいアウトバーンが建設されるのよ。
×Hier ist eine neue Autobahn gebaut.は間違い!!
sein＋過去分詞は行為の結果の状態を表す状態受動だが、bauenは状態受動にできない。

■動作主を省いた受動文　Hier **wird** eine neue Autobahn **gebaut**.
受動文で最も重要な情報は行為である。行為者（動作主）が既にわかっているか、一般常識からわかるか、または重要ではないときは省略する。

Es **wurde** dem Verletzten sofort **geholfen**.

Dem Verletzten **wurde** sofort **geholfen**.
　負傷者はすぐに助けられた。 geholfen＜helfen＋3格　…を助ける

3格目的語をとる動詞の場合、esを文の第1番目に置いて形式上の主語とする。表現としてはesを省略したほうがよい。esを省略する場合は文の第一番目に他の文成分を置く。　▶3格目的語をとる動詞は207〜208ページを参照

■動作主の表し方

行為や出来事の，直接のもとになっている人・原因を表すときは前置詞 von を，間接的なもとになっている人・原因を表すときは durch を用いる。ただし最も重要なのは行為である。

von＋3格

Diese Schauspielerin wurde **von allen** bewundert.
この女優はみんなから賛美された。

Die Frau wurde **von einem Auto** angefahren.
その女性は車にはねられた。

durch＋4格

Die Nachricht wurde ihr **durch den Boten** überbracht.　その知らせは使いの者によって彼女に伝えられた。

Der Patient wurde **durch eine Operation** gerettet.
その患者は手術によって救われた。

	werden の人称変化		過去分詞
現在形	Hier	**wird** eine neue Autobahn	**gebaut**.
過去形		**wurde**	**gebaut**.

受動の完了形	sein の人称変化	過去分詞　worden
現在完了形	**ist**	**gebaut worden**.
過去完了形	**war**	**gebaut worden**.

受動の助動詞werdenの過去分詞はworden。
▶werdenの人称変化は6ページ参照

■話法の助動詞を用いた受動文

現在形

Die Küche **muss aufgeräumt werden**.
キッチンは片付けられなくてはならない
（＝キッチンを片付けなくてはならない）。

過去形

Die Küche **musste** aufgeräumt werden.
話法の助動詞の現在完了形・過去完了形は，ほとんど使われない。

▶話法の助動詞は8〜12ページ参照

■受動態を用いた副文　受動文を従属の接続詞（dass, weil, als, ob など）を使った副文にするとき

Ich weiß, dass hier eine neue Autobahn

現在形	**gebaut wird**.
過去形	**gebaut wurde**.
現在完了形	**gebaut worden ist**.
過去完了形	**gebaut worden war**.

話法の助動詞を用いた場合

現在形	Ich weiß*, dass die Küche	**aufgeräumt werden muss**.
過去形	Ich wusste, dass die Küche	**aufgeräumt werden musste**.

* weiß < wissen 知っている

1 werdenを人称変化させて空欄に補いなさい。

1. Hier ___wird___ eine Kirche gebaut. (現在)
2. Wir _____ nicht gefragt, ob wir mitkommen wollten. (過去)
3. In diesem Restaurant _____ ich immer freundlich bedient _____.
   (現在完了)
4. Warum _____ in deiner Firma niemand mehr eingestellt? (現在)
5. Hoffentlich _____ ihr nicht in eine andere Abteilung versetzt. (現在)
6. Als ich endlich den Supermarkt gefunden hatte, _____ er gerade geschlossen. (過去)
7. In meinem neuen Job _____ ich sehr gut bezahlt. (現在)
8. Mein Großvater musste in seinem Leben immer hart arbeiten.
   Ihm _____ nichts geschenkt. (過去)
9. An der Grenze _____ unser Gepäck genau kontrolliert _____ .
   (現在完了)

2 過去形の受動文を作りなさい。

1. Meine Wohnung war unordentlich.   aufräumen müssen
   Meine Wohnung musste aufgeräumt werden.
2. Im Text waren noch viele Fehler.   korrigieren müssen
3. Ich habe die Rechnung bekommen.   bezahlen müssen
4. Meine Großeltern sind am Bahnhof angekommen.   abholen müssen
5. Der Fahrradfahrer war leicht verletzt.   ins Krankenhaus bringen müssen
6. Mein Fernsehapparat war kaputt.   reparieren müssen
7. Die Papiere waren durcheinander.   ordnen müssen
8. Das ganze Geschirr war schmutzig.   spülen müssen

3 イラストを見て話法の助動詞を使って作文しなさい。

1. Die Baustelle darf nicht betreten werden.
2. Hier ...
3. _____
4. _____
5. _____
6. _____

4 3で作った文を例にならって副文にしなさい。

1. Ich weiß, dass die Baustelle nicht betreten werden darf.
   ...

5 与えられた文を受動態に直し，例にならって副文を作りなさい。

1. Man isst in Bayern so viel Schweinefleisch. Ich möchte gern wissen, warum
   in Bayern so viel Schweinefleisch gegessen wird.
2. Man schenkt den Kindern Kriegsspielzeug.
3. Man kann die militärische Aufrüstung nicht beenden.
4. Man erzieht die Kinder nicht zu mehr Toleranz.
5. Man achtet die Rechte der Minderheiten nicht.
6. Man muss bei Smog das Auto nicht zu Hause lassen.

6 vonかdurchを空欄に補いなさい。

1. Der Frosch wurde _____ der Prinzessin geküsst.
2. _____ das Feuer wurde großer Schaden verursacht.
3. Diese Frage wurde mir noch _____ niemandem gestellt.
4. Die Maus wurde _____ Gift getötet.
5. Der Baum wurde _____ einem Blitz getroffen.
6. Die Qualität der Artikel wurde _____ ein neues Produktionsverfahren sehr verbessert.

1★9 接続法Ⅱ式　Konjunktiv II

人称変化

■現在

ほとんどの動詞は助動詞 werden の接続法Ⅱ式 würde ＋ 不定詞を用いる。

ich	würde	fragen
du	würde**st**	fragen
er, sie, es	würde	fragen
wir	würde**n**	fragen
ihr	würde**t**	fragen
sie, Sie	würde**n**	fragen

基本動詞といくつかの動詞は würde を使わずに，その動詞の接続法Ⅱ式を用いる。接続法Ⅱ式は過去基本形＋接続法の語尾という形をとり，幹母音が a, o, u, au のときはウムラウトして，ä, ö, ü, äu となる。

不定詞		接続法Ⅱ式	過去基本形	不定詞		接続法Ⅱ式	過去基本形
haben	ich	hätte	<hatte	mögen	ich	möchte	<mochte
sein	ich	wäre	<war	lassen	ich	ließe	<ließ
werden	ich	würde	<wurde	kommen	ich	käme	<kam
wollen	ich	wollte	<wollte	gehen	ich	ginge	<ging
sollen	ich	sollte	<sollte	wissen	ich	wüsste	<wusste
müssen	ich	müsste	<musste	brauchen	ich	bräuchte	<brauchte
dürfen	ich	dürfte	<durfte	geben	ich	gäbe	<gab
können	ich	könnte	<konnte				

■過去　過去のことを接続法Ⅱ式で表すときは，完了形しか使わない。このとき，完了の助動詞 haben, sein の接続法と過去分詞を使う。

hätte/wäre ＋過去分詞

	直説法 3つの過去時称	接続法Ⅱ式 過去時称は1つのみ
過去形	ich kaufte ich kam	ich hätte gekauft ich wäre gekommen
現在完了形	ich habe gekauft ich bin gekommen	
過去完了形	ich hatte gekauft ich war gekommen	

用法　接続法Ⅱ式は，丁寧なお願いや「もし…だったなら」という仮定や非現実の事柄を表現するときに使う。

■丁寧なお願い　主にSieを用いる相手に対して使い，非常に丁寧な印象を与える。

Herr Ober, ich **möchte** bitte noch ein Bier.
ウェイターさん，もう一杯ビールが欲しいのですが。

> **würden** Sie mir bitte die Speisekarte bringen?
> メニューを持ってきてくださいますか。
>
> **könnten** wir bitte noch etwas Brot bekommen?
> もう少しパンをいただけますか。
>
> ich **hätte** gern noch einen Kaffee.
> もう一杯コーヒーが欲しいのですが。

du で話しかける相手にも接続法Ⅱ式を使うことができるが，mal や bitte を使った命令形（▶1.7）や，話法の助動詞 können を用いた疑問文でもよい。

Hilfst du mir **bitte**?　お願い，手伝ってくれる？
Hilfst du mir **mal**?　ちょっと手伝ってくれる？
Kannst du mir helfen?　手伝ってくれる？
Kannst du mir **bitte mal** helfen?
お願いちょっと手伝ってくれる？

■非現実の条件・可能性　　wenn で始まる前提部と結論部で表す。
「もし〜だったら〜だろうに」

■ Kommen Sie am Samstag zu meiner Geburtstagsparty?　土曜日に私の誕生日パーティーにいらっしゃいませんか？

現実（＝直説法現在）
□ **Wenn** ich Zeit **habe**, komme ich gern. Ich rufe Sie morgen an und gebe Ihnen Bescheid.
時間があれば，喜んでお伺いします。明日，お電話をしてお返事します。
［＝もしかしたら行く］

非現実（＝接続法Ⅱ式）
□ Vielen Dank für die Einladung. **Wenn** ich Zeit **hätte, würde** ich sehr gerne kommen. Aber leider fahre ich am Wochenende weg.
ご招待をどうもありがとう。時間があったなら喜んで行きたいところです。でも残念ながら週末は出掛けるのです。［＝行かない］

過去
■ Hast du gestern Abend das Spiel Bayern München gegen Werder Bremen gesehen?
昨日の晩，バイエルン・ミュンヘン対ヴェルダー・ブレーメンのサッカーの一試合を見た？

現実
□ Ja, natürlich hab' ich es gesehen.　うん，もちろん見たよ。

非現実（＝接続法Ⅱ式）
□ Nein, leider nicht. Wenn ich Zeit gehabt **hätte**, **hätte** ich es natürlich angeschaut.
いいや，残念だけど。もし時間があったなら，もちろん見ていたよ。
［＝見なかった］

■実現しない願望
前提部だけで，実現しない願望を表すことができる。

現実
Ich **habe** kein Geld dabei.　私はお金を持ち合わせていない。

願望
Wenn ich doch mein Geld mitgenommen **hätte**!
お金を持ってきていたらよかったのになあ！

hätte を文頭に置いて wenn を省略することもできる。
Hätte ich doch mein Geld mitgenommen!
お金を持ってきていたらよかったのになあ！

1ポイントレッスン

接続法Ⅱ式で始めた文は，接続法Ⅱ式で終えなくてはならない。

Wenn ich Geld hätte, würde ich mir ein Motorrad von Triumph kaufen.
もしお金があったなら，トライアンフのバイクを買うのだが。

■助言・提案

助言や提案に接続法Ⅱ式を使うとソフトな表現になる。

■ An deiner Stelle **würde** ich mir vor der langen Fahrt noch etwas zu essen kaufen.
君の立場だったら，長旅の前にもう少し何か食べるものを買うのだが。

■ Du **solltest** dir vor der langen Fahrt noch etwas zu essen kaufen.
長旅の前にもう少し何か食べるものを買っておいたほうがいいよ。

□ Nein, das ist nicht nötig, ich habe viel gefrühstückt.
いいや，その必要はないよ，私はたくさん朝食を食べたから。

□ Wir haben noch eine halbe Stunde Zeit, bis der Zug abfährt. Wir **könnten** doch noch einen Kaffee trinken gehen. 列車が発車するまで，あと30分時間がある。
コーヒーを飲みに行ってもいいかもしれないね。

■ Ja, gute Idee! ええ，いい考えね！

■ als ob

「…かのように」

Er ist faul, aber er tut so, **als ob** er arbeiten **würde**.
= Er ist faul, aber er tut so, **als würde** er arbeiten.
彼は怠け者だが，仕事をしているかのように見せかけている。

■接続法Ⅱ式の受動態

現在 受動の助動詞 werden の接続法Ⅱ式 würden を使う。

> **würde + 過去分詞**

Dieses Haus **würde** leicht **verkauft**, wenn der Preis nicht so hoch wäre.
値段がこれほど高くなければ，この家は簡単に売れるだろう。

過去

> **wäre/hätte + 過去分詞 + worden**

接続法Ⅱ式の受動態で過去のことを表現するときには完了の助動詞seinかhabenの接続法Ⅱ式とwerdenの過去分詞wordenを使う。

Dieses Haus **wäre** leicht **verkauft worden**, wenn der Preis nicht so hoch gewesen wäre.
値段がこれほど高くなかったとすれば，この家は簡単に売れていただろう。

■助動詞の接続法Ⅱ式

助言

現在 Du **solltest** mehr **schlafen**. 君はもっと眠ったほうがいい。

過去 **主文（hätte + 不定詞 + 不定詞）**

Ich **hätte** länger **schlafen sollen**.
私はもっと長く眠るべきだった。

主文 + 副文

Wenn ich heute nicht so früh **hätte aufstehen müssen**, wäre ich jetzt nicht so müde.
今日，あんなに早起きしなくてもよかったなら，私は今これほど疲れていないのだが。

1 例にならって文を完成させなさい。

1. er – sich Zeit nehmen
   Ich würde mich freuen, _wenn er sich mehr Zeit nehmen würde._
2. sie (複数) – mehr Geduld haben
   Es wäre schön, _____
3. du – mich in Ruhe lassen
   Ich wäre dir dankbar, _____
4. er – mit mir mehr Abende verbringen
   Es wäre toll, _____
5. ich – nicht so viel arbeiten müssen
   Ich wäre froh, _____
6. du – abends früher nach Hause kommen
   Es wäre schön, _____
7. wir – häufiger ins Theater gehen
   Ich würde mich freuen, _____
8. ihr – noch etwas länger bleiben
   Es wäre schön, _____

2 与えられた動詞を接続法 II 式の完了形にして空欄を補いなさい。

1. Wenn er doch ___gekommen wäre___ !   kommen
2. Ich _____ das nicht _____ .   tun
3. Wir _____ nie _____.   mitkommen
4. Sie _____ uns bestimmt nicht _____ . besuchen
5. Ihr _____ die Straße ohne Stadtplan nie _____ . finden
6. Sie (複数) _____ gern nach Amerika _____ . fliegen
7. Er _____ sicher mit dir _____ _____ .
                                                  spazieren gehen
8. Ich _____ dir das schon noch _____ . erzählen

3 丁寧な表現に書き換えなさい。

1. Gib mir bitte Feuer. (2通り)　Würdest du mir bitte Feuer geben?
　　　　　　　　　　　　　　　Könntest du mir bitte Feuer geben?
2. Darf ich mir Ihren Bleistift leihen?
3. Sagen Sie mir, wie ich zum Bahnhof komme? (2通り)
4. Geben Sie mir ein Glas Wasser? (2通り)

4 Ich wäre froh, wenn ich ... に続けなさい。

1. so gut Deutsch sprechen können wie du
2. eine so große Wohnung haben wie ihr
3. Goethe auf Deutsch lesen können
4. jedes Jahr drei Monate Urlaub machen können
5. länger bleiben dürfen
6. zu Fuß zur Arbeit gehen können
7. nicht jeden Tag mit dem Auto fahren müssen
8. so viel Geduld haben wie Sie

5 ある状況になったときの自分の願望を表す文を作りなさい。

Sie haben mit 17 Jahren bei einem Preisausschreiben ein tolles Auto gewonnen. Was wünschen Sie sich?
Wenn ich doch schon meinen Führerschein hätte!
Hätte ich doch schon meinen Führerschein!

1. Sie haben in der Nacht die letzte U-Bahn verpasst.
2. Ihr Traummann/Ihre Traumfrau lädt Sie zum Abendessen ein.
3. Sie landen mit Ihrer Deutschlehrerin nach einem Schiffsunglück auf einer einsamen Insel.
4. Sie bleiben im Lift eines Hochhauses stecken.

6　例にならって非現実の願望を表す文を作りなさい。

1. Sie stehen mit dem Auto im Stau. (U-Bahn fahren)
   Wäre ich doch mit der U-Bahn gefahren!
2. Sie hatten einen Ehekrach.　　　　(nie heiraten)
3. Das Hotel ist sehr schlecht.　　　(besseres Hotel buchen)
4. Du hast eine Erkältung bekommen.　(wärmer anziehen)
5. Sie haben Ihren Zug verpasst.　　 (früher aufstehen)
6. Sie machen einen Spaziergang. Plötzlich beginnt es zu regnen.
   (Regenschirm mitnehmen)

7　文を完成させなさい。

1. Es sieht so aus, _als ob es bald regnen würde._　bald regnen
2. Du siehst so aus, …　　die ganze Nacht nicht geschlafen
3. Es sieht so aus, …　　wir müssen die Grammatik wiederholen
4. Sie sieht so aus, …　　abgenommen haben
5. Die Kleine sieht so aus, …　krank sein
6. Du siehst so aus, …　　müde sein

8 würde, hätte, wäre のいずれかを人称変化させて補いなさい。

1. ___Würden___ Sie mir bitte einen Gefallen tun? Sagen Sie Herrn Fischer, dass ich morgen etwas später komme.
2. _____ Sie einen Moment Zeit für mich? Ich _____ gern etwas mit Ihnen besprechen.
3. Wie _____ es, wenn wir nach dem Theater noch ein Glas Wein zusammen trinken _____ ?
4. Mein Sohn _____ auch sehr gern mitgekommen. Aber leider ist er sehr erkältet.
5. Ich _____ noch eine Bitte. _____ Sie mich bitte kurz anrufen, wenn Herr Wagner zurück ist?
6. Das _____ du doch nicht allein machen müssen! Ich _____ dir schon geholfen.
7. Ich _____ dann gegen acht Uhr bei Ihnen. Ist Ihnen das recht?
8. _____ ihr mir bitte helfen?

9 右と左の文を組み合わせなさい。

1. Du siehst müde aus.
2. Wenn Sie noch Fragen haben,
3. Ich würde mich sehr freuen,
4. Der neue Film von Spielberg ist super!
5. Papa, warum muss ich jetzt schon ins Bett?
6. Wenn ich könnte,
7. Soll ich den Brief gleich zur Post bringen?
8. Er tut nur so,

a. Oh ja, das wäre sehr nett!
b. als ob er nichts verstanden hätte.
c. Weil wir morgen früh aufstehen müssen.
d. Vielleicht solltest du ins Bett gehen.
e. rufen Sie mich einfach an.
f. Den solltest du dir auch anschauen.
g. wenn Ihre Frau auch mitkäme.
h. würde ich jetzt auch gern in Urlaub fahren.

1 ★10 間接話法　Indirekte Rede

間接話法とは，誰かの発言を引用する話法のことである。日常会話ではふつう，引用する場合でも**直説法**を用いる。新聞記事など書き言葉では，間接話法で接続法Ⅰ式を用いることが多い。

直接話法	„Ich **habe** heute keine Zeit."「私は今日，時間がない。」
間接話法(引用)	Er sagt, dass er heute keine Zeit **hat**. 彼は，今日時間がないと言っている。
直接話法	„Ich **nehme** an der Konferenz teil."「私は会議に出席する。」
間接話法(引用)	Der Politiker sagte, **er nehme** an der Konferenz teil. 政治家は，会議に出席すると言った。
直接話法	„Ich **bin** mit den Ergebnissen zufrieden." 「私は結果に満足している。」
間接話法(引用)	Der Politiker sagte, **er sei** mit den Ergebnissen zufrieden. 政治家は，結果に満足していると言った。
直接話法	„Ich **habe** das nicht gewusst."「私はそれを知らなかった。」
間接話法(引用)	Der Politiker sagte, **er habe** das nicht gewusst. 政治家は，それを知らなかったと言った。

注意
- 直説法と接続法Ⅰ式の動詞の形が同じ場合は，接続法Ⅱ式を用いる。
- 文のはじめに発話を表す動詞がくる。（sagen 言う，meinen 言う，behaupten 主張する，berichten 報告する，erzählen 物語る，fragen 質問する など）
- dassが導く副文（動詞は文末）か主文（動詞は第2番目）が続く。
- 直接話法を間接話法に変えると，主語が変わる。
  (ich → er/sie; wir → sie; Sie → ich/wir)

■疑問文

直接話法	„Wann kommst du?"「君はいつ来るの？」
間接話法	Sie hat gefragt, wann ich komme. 彼女は，私がいつ来るのかと尋ねた。

	決定疑問文は，従属接続詞 ob を使った副文にする。
直接話法	„Kommst du heute?" 「君は今日来るの？」
間接話法	**Sie hat gefragt, ob ich heute komme.** 彼女は，私が今日来るのかどうか尋ねた。

▶ 疑問文は142〜144，215，225ページを参照

1★11 特定の前置詞を伴う動詞
Verben mit Präpositionen

ドイツ語には，英語の to wait for のように，特定の前置詞とともに使う動詞がたくさんある。

■ **Worüber regst** du **dich** denn so **auf**?
何についてそんなに腹を立てているの？

□ **Über** mein Auto. Es geht schon wieder nicht.
私の車についてだよ。また動かないんだ。

■ **Darüber** brauchst du **dich** doch wirklich nicht so **aufzuregen**. Vielleicht kann dir mein Mann helfen. Er **versteht** viel **von** Autos.
そのことでそんなに腹を立てる必要はないわよ。ひょっとしたら私の夫が助けてくれるわ。彼は車のことがよくわかるのよ。

■前置詞

3格支配	4格支配	3・4格支配	
aus …から	durch …を通じて	in …のなかに	vor …の前に
bei …のところで	für …のために	an …のそばに	hinter …の後ろに
mit …と共に	gegen …に対して	auf …の上に	neben …の隣に
nach …の後で	ohne …なしで	unter …の下に	zwischen …の間に
seit …以来	um …の周りに	über …の上方に	
von …から			
zu …へ			

▶ 前置詞は3.1（163～181ページ）参照。

3格支配の前置詞と	**Ich diskutiere** gern **mit** meinem Lehrer. 私は私の先生と議論するのが好きだ。 **Ich gratuliere** dir ganz herzlich **zum*** Geburtstag. 心よりお誕生日のお祝いを言うよ（＝お誕生日おめでとう）。 *zumは前置詞の融合形（zu＋dem）。（▶前置詞3.1 参照）
4格支配の前置詞と	**Ich interessiere mich** sehr **für** die deutsche Literatur. 私はドイツ文学にとても興味があります。 **Er kümmert sich** jeden Tag **um** seine kranken Eltern. 彼は毎日，病気の両親の世話をしている。
3・4格支配の前置詞と	同じ前置詞でも，動詞によって次にくる名詞（代名詞）の格が異なるものがあります。どちらの格を用いるのかもセットで覚えましょう。
denken an ＋ 4格 …のことを考える	**Ich denke an** dich. 私は君のことを考える。
leiden an ＋ 3格 …に苦しむ	**Er leidet an** einer schweren Krankheit. 彼は重い病気に苦しんでいる。
注意	動詞と結びつくときは常に4格支配：auf, über 3・4格支配だが，4格支配であることが多い：an, unter, vor, in

■名詞・代名詞とともに用いるとき

人 （前置詞＋人称代名詞）	■ **Auf wen wartest** du denn? 誰のことを待っているんだい？ □ **Auf** Franz.　フランツさ。 ■ **Ich warte** auch schon seit zwei Stunden **auf ihn**. 私ももう2時間前から彼のことを待っているんだ。
物事 （wo[r]-/da[r]- ＋前置詞）	前置詞と疑問詞を一緒に用いるとき，例えば über wasとせずに**wo[r]-前置詞**という形にする。すでに話題になっている物事を表す人称代名詞を前置詞とともに用いるときは，**da[r]-前置詞**とする。 母音で始まる前置詞にはwor, darをつける。 　　auf → darauf, über → darüber ■ **Worüber** sprecht ihr gerade? ちょうど今，何について話しているの？

☐ **Über den Film** gestern Abend. 昨晩の映画についてよ。

■ Den habe ich auch gesehen. **Darüber** wollte ich auch mit euch sprechen.
あれは私も見たわ。私もあれについて、あなたたちと話したかったの。

1ポイントレッスン

疑問代名詞 wer（誰が）を使う疑問文の答えは必ず「人」です。ただし本来は物事について尋ねる「wo[r] - 前置詞」の疑問文の答えが「人」でも構いません。

Über wen ärgerst du dich? –Über meinen Deutschlehrer.
誰のことで腹を立てているんだい？　私のドイツ語の先生のことだよ。

Worüber ärgerst du dich?
–Über das schlechte Fernsehprogramm.
何のことで腹を立てているんだい？　ひどいテレビ番組のことでよ。
–**Über** meinen Deutschlehrer　私のドイツ語の先生のことでよ。

■不定詞句や副文で

後に続く文やテキストを指し示す **da[r]-**前置詞

■ Warum bist du denn so nervös?
なぜそんなに落ち着かないでいるの？

☐ Ach, ich freue mich so sehr **darauf**, meinen Freund endlich wiederzusehen. Er kommt am nächsten Wochenende.
ああ、私の恋人にやっと再会するのがとても嬉しいの。彼は今度の週末に来るのよ。

■ Wo warst du denn gestern Abend?
昨晩、いったいどこにいたの？

☐ Oh, entschuldige bitte! Ich habe nicht mehr **daran** gedacht, dass wir uns ja treffen wollten. Das tut mir wirklich Leid.
あらまあ、許してちょうだい！会おうと約束していたことを忘れていたわ。本当にごめんなさい。

それ以前の文やテキストを指し示す **da[r]-** 前置詞

Am nächsten Wochenende bekomme ich Besuch. Ich freue mich schon so sehr **darauf**.
来週の週末、私のところにお客さんが来る。そのことが今からものすごく楽しみだ。

前置詞を伴う重要動詞

von ... abhängig sein …に依存している	Er **ist** noch finanziell **abhängig von** seinen Eltern.
es hängt von ... ab …次第である	Es **hängt vom** Wetter **ab**, ob wir morgen Ski fahren oder nicht.
auf + 4格 achten …に注意する	**Achten** Sie bitte **auf** die Stufen!
mit ... anfangen …を始める	Wir **fangen** jetzt **mit** dem Essen an.
über + 4格 sich ärgern …について腹を立てる	Ich **ärgere mich** immer **über** die laute Musik meines Nachbarn.
mit ... aufhören …をやめる	**Hör** jetzt bitte **mit** dem Lärm **auf**!
auf + 4格 aufpassen …に気をつける	Könnten Sie bitte einen Moment **auf** mein Gepäck **aufpassen**?
über + 4格 sich aufregen …に気をもむ、興奮する	Sie hat **sich** sehr **über** diese schlechten Nachrichten **aufgeregt**.
bei ... für ... sich bedanken …に礼を言う	Hast du **dich** schon **bei** Oma **für** das Geschenk **bedankt**?
mit ... beginnen …を始める	Wir **beginnen** jetzt **mit** dem Unterricht.
um ... sich bemühen …を得ようと努力する	Er **bemüht sich um** einen Studienplatz in den USA.
über + 4格 berichten …について報告する	Um 17 Uhr **berichten** wir wieder **über** das Fußballspiel.

mit ... sich beschäftigen …に取り組む, …に時間を割く	Er **beschäftigt sich** sehr viel **mit** seinen Kindern.
bei ... über+4格 sich beschweren 人に…について苦情を言う	Ich habe **mich beim** Kellner **über** das kalte Essen **beschwert**.
aus ... bestehen …から成る	Diese Geschichte **besteht aus** zwei Teilen.
um ... sich bewerben …に志願する, …に応募する	Er hat **sich um** eine Arbeit bei Siemens **beworben**.
auf+4格 sich beziehen …を引き合いに出す	Ich **beziehe mich auf** unser Telefongespräch vom 12.4. （ビジネスの場面で）12月4日のお電話に関してお答えします。
um ... 人⁴ bitten （人）に…を頼む	Ich **bitte dich um** einen Rat.
für ... 人³ danken …に…の礼を言う	Ich **danke** Ihnen **für** die schönen Blumen.
an+4格 denken …のことを思う	Ich **denke** immer nur **an** dich.
über+4格 denken …について考える	Was **denken** Sie **über** die deutsche Außenpolitik?
mit ... über+4格 diskutieren …について…と議論する	**Mit** Hans **diskutiere** ich immer **über** Politik.
人⁴ zu ...einladen …を…に招待する	Ich **lade** Sie **zu** meiner Geburtstagsparty am Samstag **ein**.
für ... sich entscheiden …に決める	Ich habe **mich für** diesen Pullover **entschieden**.
für ... bei ... sich entschuldigen …のことを…に謝る	Sie hat **sich bei** ihrer Kollegin **für** den Irrtum **entschuldigt**.
von ... sich erholen …から回復する	Ich habe **mich** noch nicht **von** dieser Krankheit **erholt**.

an + 4格 sich erinnern …を思い出す	Ich **erinnere mich** gern **an** meine Kindheit.
人⁴ an + 4格 erinnern …に…について注意を喚起する	**Erinnern** Sie **mich** bitte **an** meine Tasche. Sie liegt hier.（後で）私が私のバッグのことを思い出すように（忘れないよう）言ってください。（バッグは）ここにあります。
人⁴ an + 3格 erkennen …で…だと見分ける	Ich habe **dich an** der Stimme **erkannt**.
nach ... bei ... sich erkundigen …に…を問い合わせる	Sie hat **sich beim** Passanten **nach** dem Weg **erkundigt**.
von ... erzählen …について物語る	**Erzählen** Sie mir ein bisschen **von** Ihrer Reise.
人⁴ nach ... fragen …に…のことを尋ねる	**Fragen** Sie doch den Polizisten dort **nach** dem Weg.
auf + 4格 sich freuen …を楽しみにする	Ich **freue mich auf** meinen Urlaub nächste Woche.
über + 4格 …のことを喜ぶ	Wir haben **uns** sehr **über** euren Besuch **gefreut**.
zu ... gehören …の一部である	Dies **gehört** nicht **zu** meinen Aufgaben.
an + 4格 sich gewöhnen …に慣れる	Langsam **gewöhne** ich **mich an** das feuchte Klima hier.
zu ... gratulieren …のお祝いを言う	Ich **gratuliere** dir herzlich **zum** Geburtstag.
人⁴ für ... halten …を…と見なす	Ich **halte** ihn **für** einen guten Menschen.
von ... etwas halten …を…と評価する	Ich **halte** nichts **von** diesem Vorschlag.
auf + 4格 hoffen …を願う	Wir **hoffen auf** besseres Wetter.
für ... sich interessieren …に興味がある	Ich **interessiere mich** sehr **für** Philosophie.

1-11 特定の前置詞を伴う動詞

über + 4格 klagen …について苦情を言う	Er **klagt** oft **über** Kopfschmerzen. Er sollte mal zum Arzt gehen.
auf + 4格 sich konzentrieren …に集中する	Ich kann mich heute nicht **auf** meine Arbeit **konzentrieren**.
um ... sich kümmern …の面倒を見る	Sie **kümmert sich** immer sehr **um** ihre Gäste.
über + 4格 lachen …のことを笑う	Warum **lachst** du **über** diesen dummen Witz?
an + 3格 (病気) leiden …に苦しむ，悩む unter + 3格 (不快な物事)	Er **leidet an** Bluthochdruck. Ich **leide** sehr **unter** dem Lärm der Baustelle nebenan.
über + 4格 nachdenken …についてよく考える	Ich werde **über** Ihren Vorschlag **nachdenken**.
gegen ... protestieren …に対して抗議する	Die Angestellten **protestieren gegen** die Entlassungen.
nach ... riechen …のにおいがする	Hier **riecht** es **nach** Essen.
nach ... schmecken …の味がする	Die Suppe **schmeckt nach** nichts.
an + 4格 schreiben …に手紙を書く	Ich **schreibe** gerade einen Brief **an** meine Freundin.
über + 4格 …について書く	Er **schreibt** einen Artikel **über** das Konzert gestern Abend.
vor + 3格 /gegen ... sich schützen …から身を守る	Mit dieser Creme **schütze** ich mich **vor** Sonnenbrand. Wie kann man sich **gegen** Malaria **schützen**? *vorはおもに影響，gegenは出来事
für ... sorgen …の世話をする	Er **sorgt für** seine alte Mutter.
mit ... über + 4格 sprechen …と…について話し合う	Ich muss noch einmal **mit** dir **über** deine Pläne **sprechen**.

an + 3格 sterben …（の病気）で死ぬ	Er ist **an** Krebs **gestorben**.
für ... streiken …を要求してストライキをする	Die Arbeiter **streiken für** höhere Löhne.
mit ... streiten …と争う	Er **streitet** ständig **mit** seinem kleinen Bruder.
um ... sich streiten …のことで争う	Die Kinder **streiten** sich **um** die Spielsachen.
über + 4格 …について論議する，言い争う	Wir **streiten** uns immer **über** Politik.
an + 3格 teilnehmen …に参加する	Wie viele Leute haben **an** dem Kurs **teilgenommen**?
von ... träumen …の夢を見る	Ich habe in der letzten Nacht **von** wilden Tieren **geträumt**.
人⁴ zu ... überreden …に…するよう説得する	Mein Freund hat mich **zu** diesem Ausflug **überredet**.
人⁴ von ... überzeugen …に…を納得させる	Du musst den Personalchef **von** deinen Fähigkeiten **überzeugen**.
mit ... über + 4格 sich unterhalten …と…について歓談する	Sie hat **sich mit** mir nur **über** Mode **unterhalten**.
mit ... sich verabreden …と会う約束をする	Wann hast du **dich mit** Andrea **verabredet**?
auf + 4格 sich verlassen …を信頼する	Kannst du **dich auf** deine Freundin **verlassen**?
in + 4格 sich verlieben …に惚れる	Ich habe **mich in** ihn **verliebt**.
etwas von ... verstehen …の知識がある	Ich **verstehe nichts von** Autos.
auf + 4格 sich vorbereiten …の準備をする	Ich muss **mich** noch **auf** die Konferenz morgen **vorbereiten**.

auf + 4格 warten …を待つ	Wir **warten** seit Tagen **auf** einen Brief von ihr.
an + 4格 sich wenden …に相談する	**Wenden** Sie **sich** doch bitte **an** die Dame an der Rezeption.
über + 4格 sich wundern …に驚く	Ich **wundere mich** immer wieder **über** den technischen Fortschritt.
an + 3格 zweifeln …を疑う	Die Polizei **zweifelt an** seiner Aussage.

前置詞を伴わずに用いることのできる動詞もいくつかある。
Was machst du denn gerade?　ちょうど今何をしているの？
―Ich **schreibe** meinen Eltern einen Brief.
　両親に手紙を書いているの。
―Ich **schreibe** einen Brief **an** meine Eltern.
　両親に手紙を書いているの。

1. 人⁴ **um ＋ 4格 beneiden** （人の4格）を（4格のこと）でうらやむ
   常に2つの4格目的語をとります。
   Ich beneide meinen Nachbarn um seinen Garten.
   私は隣人の庭がうらやましい。
   「うらやましい！」はドイツ語で Beneidenswert! といいます。

2. **denken**と一緒に使う前置詞をしっかり使い分けましょう。
   denken an ＋4格 …のことを思う、思い出す
   denken über ＋4格 …について考える、意見を持つ
   nachldenken über ＋4格 …についてよく考える
   Er denkt an seine Mutter. 彼は母親のことを考える。
   Wie denken Sie über die japanische Außenpolitik?
   日本の外交政治についてどう考えますか？
   Sie denkt über ihre Zukunft nach. 彼女は彼女の将来についてよく考える。

3. **sorgen**は「世話」か「心配」か？
   sich sorgen um ＋4格 …のことを心配する
   sorgen für ＋4格 …の世話をする
   sich kümmern um ＋4格 …の世話をする
   Sie sorgt sich um ihre Zukunft. 彼女は将来の心配をしている。
   Er sorgt für seine kranke Mutter.
   彼は病気の母親の世話をする。
   Wir kümmern uns um unsere Großeltern.
   私たちは祖父母の世話をする。

1 左右の文章を組み合わせて文を作りなさい。

1. Ich freue mich
2. Otto ärgert sich
3. Mein Großvater leidet
4. Ich danke Ihnen
5. Meine Freundin bittet mich
6. Er interessiert sich nicht

a. über seinen Chef.
b. für die Blumen.
c. für Sport.
d. auf die Ferien.
e. unter der Hitze.
f. um einen Rat.

2 与えられた語を並べかえて文を作りなさい。

1. habe – gestern – Brief – ich – meine – an – geschrieben – Eltern – einen
2. einem – Anna – hat – Skikurs – teilgenommen – an
3. sie – Kinder – für – sehr – sorgt – gut – ihre
4. ich – leider – nichts – von – verstehe – Physik
5. ist – er – seinen – finanziell – Eltern – abhängig – noch – von
6. aufgeregt – Arbeit – er – über – sehr – sich – hat – seine

3 空欄に前置詞を補いなさい。

daran   nach   wovon   an   darauf   dazu   mit   für   aus

1. Wir könnten doch den Polizisten dort _____ dem Weg zur Kathedrale fragen.
2. Kannst du ihn nicht _____ überreden, ins Theater mitzukommen?
3. Wenn Sie noch Fragen haben, wenden Sie sich bitte _____ meinen Assistenten.
4. Wann können wir _____ der Besprechung beginnen?
5. Leider habe ich die Prüfung nicht bestanden. Ich habe mich nicht gründlich genug _____ vorbereitet.

6. Mein Großvater ist _____ Krebs gestorben.
7. Er ist zwar sehr streng, aber trotzdem halte ich ihn _____ einen guten Chef.
8. _____ hast du letzte Nacht geträumt?
9. Würden Sie mich bitte _____ erinnern, dass ich nachher diese Tasche mitnehme?
10. Die Prüfung besteht _____ zwei Teilen: Grammatik und schriftlicher Ausdruck.

4 例にならって空欄に前置詞を補いなさい。

1. sich freuen _über_ / _auf_
   Schön, dass du da warst! Ich habe mich sehr _über_ deinen Besuch gefreut.
   Mein Gott, diese Arbeit! Ich freue mich so _auf_ meinen Urlaub!
2. sich bedanken _____ / _____
   Hast du dich _____ Oma _____ die Schokolade bedankt?
3. leiden _____ / _____
   Sie leidet _____ starken Depressionen.
   Die Reise nach Brasilien war wunderschön, aber wir haben sehr _____ der Hitze gelitten.
4. sich streiten _____ / _____
   Warum müsst ihr euch denn bei jeder Gelegenheit _____ Politik streiten?
   Sie sind furchtbar. Sie streiten sich ständig _____ Geld.
5. sich unterhalten _____ / _____
   Entschuldigen Sie bitte, dass ich mich verspätet habe. Ich habe mich noch _____ Frau Schiller _____ etwas sehr Wichtiges unterhalten und dabei ganz vergessen, auf die Uhr zu schauen.
6. denken _____ / _____
   Was denken Sie _____ meinen Aufsatz? Ist er besser als der letzte?

Du hörst mir ja gar nicht zu! Denkst du nur noch _____ deinen neuen Freund?

5 質問を完成させ，答えなさい。

1. __Über wen__ / __Worüber__ lacht ihr?
2. _____ welchen deiner Freunde kannst du dich wirklich verlassen?
3. _____ riecht es hier so?
4. _____ / _____ streitet ihr euch schon wieder?
5. _____ kann ich mich mit diesem Problem wenden?
6. _____ hast du dich heute Abend verabredet?
7. _____ achten Sie am meisten, wenn Sie eine Reise buchen?
8. _____ diskutiert ihr denn?
9. _____ hängt es ab, ob du mitkommst oder nicht?
10. _____ möchten Sie mir denn danken?
11. _____ haben Sie sich denn jetzt entschieden?
12. _____ hältst du nichts?

6 空欄に適切な前置詞または da -前置詞，wo -前置詞を補いなさい。

1. ☐ Maria hat mir versprochen, dass sie sich __um__ meinen Hund kümmert, wenn ich im Krankenhaus bin. Glaubst du, ich kann mich __darauf__ / __auf sie__ verlassen?
   ■ Na klar, _____ Maria kann man sich immer verlassen. Sie gehört _____ den Menschen, die ihr Versprechen immer halten.
2. ☐ Was denkst du _____ unseren neuen Chef?
   ■ Ich finde ihn sehr nett und kooperativ. Wir haben gestern lange _____ ihm _____ unsere Arbeitsbedingungen diskutiert, und wir konnten ihn _____ überzeugen, dass man in Zukunft einiges in dieser Firma ändern muss.
3. ☐ _____ lachst du?
   ■ Ich habe gerade _____ den Film gestern Abend im Fernsehen gedacht. Ich weiß nicht mehr, wie er hieß.
   ☐ Meinst du den, wo sich die Großmutter _____ ihren viel jüngeren griechischen Nachbarn verliebt hat und dann _____ einem Griechischkurs teilnimmt?
   ■ Ja genau, den meine ich.

7 例にならって答えの問いとなる文を作りなさい。

1. ☐ __Worauf freust du dich denn so?__ (sich freuen)
   ■ Auf das nächste Wochenende.
2. ☐ (sich gewöhnen)   ■ An diese schreckliche Hitze.
3. ☐ (nachdenken)   ■ Über meine Prüfung morgen.
4. ☐ (sich entschuldigen) ■ Für meine Verspätung.
5. ☐ (denken)   ■ An meinen Mann.
6. ☐ (sich verlassen)   ■ Auf meine Eltern.
7. ☐ (warten)   ■ Auf bessere Zeiten.

8 空欄に da-前置詞，前置詞，格変化語尾を補いなさい。

1. Hast du dich _____ dein____ neu____ Chef _____ erkundigt, _____ welch____ Fortbildungskurs du teilnehmen kannst?
2. Bitte stör mich jetzt nicht! Ich muss mich _____ mein____ Arbeit konzentrieren.
3. Kannst du mich bitte im Reisebüro _____ erinnern, dass ich mich auch _____ den Preisen für einen Flug nach Rom erkundige?
4. Haben Sie sich im Urlaub gut _____ Stress der letzten Wochen erholt?
5. Sprich doch mal _____ dein____ Vater _____ dein____ Probleme. Vielleicht kann er dir helfen.
6. Ich wundere mich schon lange nicht mehr _____ , dass sie sich alle paar Monate _____ ein____ ander____ Mann verliebt.
7. Erzählen Sie mir doch ein bisschen _____ Ihr____ letzt____ Cluburlaub.

9 日本語に訳しなさい。

1. Er denkt viel über seine Ehe nach.
2. Eltern sollten sich um ihre Kinder kümmern.
3. Beneidenswert!
4. Ah, meine erste Liebe, ich muss immer noch an sie denken!
5. Meine Katze ist krank, ich sorge mich um sie.
6. Wie denken Sie über die Wirtschaftssituation Japans?
7. Weil meine Schwester noch klein ist, sorge ich für sie.
8. Ich beneide meine Freundin um ihren attraktiven Mann.

2★1 名詞の変化 Deklination

性

ドイツ語の名詞には男性，女性，中性という文法上の性がある。性は定冠詞 der, die, das によって表すことができる。

■男性名詞　der Mann 男の人　　　der Löffel スプーン
■女性名詞　die Frau 女の人　　　die Gabel フォーク
■中性名詞　das Kind 子供　　　　das Messer ナイフ

der Mann が男性名詞で die Frau が女性名詞，das Kind（男の子・女の子両方）が中性名詞なのは，生物学上の性に従ったものでわかりやすい。ではなぜ der Löffel（スプーン）が男性名詞で die Gabel（フォーク）が女性名詞，das Messer（ナイフ）が中性名詞なのか。その理由は明らかではないが，とにかく文法上の性がある。

名詞によっては語尾で性を見分けることができるが，例外もあり，すべての名詞の性を見分ける完璧な法則があるわけではないので，名詞を覚えるときはいつも定冠詞とセットで覚えるとよい。

性を見分ける法則

男性名詞

男性や動物のオスを表す　　der Vater 父　　　　　der Affe 猿
曜日・月　　　　　　　　der Montag 月曜日　　　der Mai 5月
季節・一日の時間帯　　　　der Winter 冬　　　　　der Morgen 朝
天気・方角　　　　　　　der Regen 雨　　　　　der Osten 東
酒類　　　　　　　　　　der Wein ワイン　　　　der Schnaps シュナップス
　　　　　　　　　　　　例外：das Bier ビール
男性の職業　　　　　　　der Arzt 医者　　　　　der Lehrer 教師
　　　　　　　　　　　　der Maler 画家　　　　　der Praktikant 職業実習生

女性名詞

女性を表す　　　　　　　die Tante 叔母　　　　　die Mutter 母
　　　　　　　　　　　　例外：das Mädchen 女の子

*語尾-chenは「小さな」という意味を持つ「縮小形」。

植物の大半		die Rose バラ	die Tulpe チューリップ
女性の職業（男性形+in）		die Ärztin 医者	die Lehrerin 教師
		die Malerin 画家	die Praktikantin 職業実習生
動詞から派生した名詞で語尾 -t で終わるもの		fahren (乗り物で) 行く→ die Fahrt 走行，ドライブ	
		rasten 休息する→ die Rast 休息，休憩	
中性名詞			
動詞の不定形の名詞化		essen 食べる→ das Essen 食事	
形容詞の名詞化		gut 良い→ das Gute 善	

性を見分けられる語尾

男性名詞	-ismus (…主義)	Real**ismus**	リアリズム，写実主義
	-ling	Lieb**ling**	愛しい人
	-or	Mot**or**	エンジン
女性名詞	-ung	Rechn**ung**	請求書
	-heit	Frei**heit**	自由
	-keit	Höflich**keit**	礼儀正しさ，丁寧さ
	-schaft	Freund**schaft**	友情
	-ion	Nat**ion**	国家
	-ei	Bäckere**i**	パン屋
	-ur	Kult**ur**	文化
中性名詞	-chen (縮小形)	Mäd**chen**	女の子
	-lein (縮小形)	Tisch**lein**	ミニテーブル

次の語尾で終わる名詞は原則として性が決まっているが，例外もある。

男性名詞	-er	Koff**er**	スーツケース
女性名詞	-e	Lamp**e**	ランプ
中性名詞	-um	Zentr**um**	中心，センター
	-ment	Instru**ment**	器具，楽器

外来語の名詞の多くは中性ですが，例外もあります。

die Film 映画　　　　　der Park 公園，庭園
die Science-fiction サイエンス・フィクション（SF）
die Panik パニック　　　die Kamera カメラ

特にIT用語には，中性名詞以外の名詞が多いようです。

der Computer コンピュータ　der Screen 画面
die E-Mail Eメール　　　　die Maus マウス　など

1ポイントレッスン

日本語からドイツ語に入ってきた名詞の場合，もともとドイツ語にある名詞の性をつけてあるものが多く見られます。

das Ofuro (das Bad)　　der Fujijama (der Fuji-Berg)
die Sakura (die Kirschblüte)

複合名詞	ドイツ語には複合名詞が多い。複合名詞の性はいちばん後ろにある語の性で決まる。	
	Sommer 夏 + zeit 時 → **die** Sommerzeit 夏期 　↑　　　　　↑ 　der　　　　die	
	Haus 家 + tür ドア + schlüssel 鍵 　↑　　　　↑　　　　　↑ 　das　　　die　　　　der 　　　　　　　　　→ **der** Haustürschlüssel 玄関の鍵	
	Ferien 休暇 + haus 家 → **das** Ferienhaus 別荘 　↑　　　　　↑ 　die　　　　das	
複数形	名詞の複数形には，大きく分けて5つのタイプがある。幹母音（a, o, u, au）は複数形でウムラウトして ä, ö, ü となることが多い。	
	単数形　　　　　　　　複数形	
■**無語尾**	複数形の語尾が何も付かない。幹母音がウムラウトするものがある。	
-er, -en, -el, -chen, -lein で終わる名詞	der Koffer スーツケース　　die Koffer　　−
	der Apfel りんご　　　　　die Äpfel　　　¨	

2-1 名詞の変化● 91

	■E式	単数形に -e の語尾が付く。幹母音がウムラウトするものがある。	
多くの男性名詞	der Tisch 机	die Tische	-e
1音節の女性名詞と中性名詞	die Maus ネズミ	die Mäuse	⸚e
	■ER式	単数形に -er の語尾が付く。幹母音（a, o, u, au）は必ずウムラウトする。	
1音節の中性名詞	das Kind 子供	die Kinder	-er
男性名詞の一部	der Mann 男	die Männer	⸚er
	■[E]N式	単数形が -e で終わる名詞には -n を，それ以外は -en を付ける。	
多くの女性名詞	die Lampe ランプ	die Lamp**en**	-n
	die Uhr 時計	die Uhr**en**	-en
男性弱変化名詞	der Student 大学生	die Studen**ten**	-en
	■S式	単数形に -s を付ける。	
a, -i, -o で終わる名詞と多くの外来語	das Auto 自動車	die Auto**s**	-s

■職業などの女性形　-in で終わる女性名詞は-nen を付ける。

die Lehrerin - die Lehrerin**nen**　女性教師

die Schülerin - die Schülerin**nen**　女子生徒

■その他　　　　das Gymnasi**um** - die Gymnasi**en**　（ドイツの）高等学校

das Muse**um** - die Muse**en**　博物館・美術館

das Them**a** - die Them**en**　テーマ

die Firm**a** - die Firm**en**　会社

格　　名詞は文の中で「主語」「目的語」など，さまざまな役割を持ち，この役割を表すのが格である。名詞がどの役割を持つかは，動詞や前置詞，またはほかの名詞との関係によって決まり，その役割によって，名詞・冠詞・形容詞は格変化する。1格（主格），4格（対格），3格（与格），2格（属格）の4つの格がある。

■1格（主格）　主語の役割。
Ich esse gern.　私は食べることが好きだ。

■4格（対格）　おもに直接目的語の役割。
Ich esse gern **Kuchen**.　私はケーキを食べるのが好きだ。

■3格（与格）　おもに間接目的語の役割。
Ich gebe **dir** das Buch am Wochenende zurück.
私は週末，君に本を返す。

■2格（属格）　所有の関係を表す。
Genitiv　Ich weiß nicht mehr den Namen **des Autors**.
私は作家の名前をもう覚えていない。

2格は英語の *of the, of a* のような役割を持つ。たとえば ... des Kindes は「子供の…」という意味になり，「子供の名前」なら der Name des Kindes となる。男性と中性の単数2格には名詞に -[e]s の語尾をつける。

■定冠詞と名詞の格変化

*単数1格以外は -[e]n の語尾がつく

単数形

	男性	男性弱変化*	女性	中性
1格	der Mann	der Junge	die Frau	das Kind
4格	den Mann	den Junge**n**	die Frau	das Kind
3格	dem Mann	dem Junge**n**	der Frau	dem Kind
2格	des Mann**es**	des Junge**n**	der Frau	des Kind**es**

複数形

1格	die Männer	die Junge**n**	die Frauen	die Kinder
4格	die Männer	die Junge**n**	die Frauen	die Kinder
3格	den Männer**n**	den Junge**n**	den Frauen	den Kinder**n**
2格	der Männer	der Junge**n**	der Frauen	der Kinder

名詞の複数形につける定冠詞は，性にかかわらず die, den, der である。

注意点
・男性名詞と中性名詞の2格には -s の語尾をつける。ただし1音節からなる名詞と，-s, -ß, -x, -z, -tz で終わる名詞の大半は2格に -es の語尾を付ける。
　... des Gesetzes　法律の…　　... des Hauses　家の…
・固有名詞の2格には -s を付け，おもに話し言葉では

所有の対象となる名詞の前に置く。
Goethe**s** Erzählungen　ゲーテの小説
Peter**s** Freundin　ペーターのガールフレンド
・話し言葉では前置詞 **von**（…の）を使って die Freundin von Peter（ペーターのガールフレンド）とも言う。
・語尾が -s で終わる固有名詞にはアポストロフ（'）だけを付ける。
Thomas' Buch　トーマスの本
話し言葉では das Buch von Thomas とも言う。
・複数3格　名詞に -[e]n の語尾を付ける。

　　den Lehrer**n**　先生たちに　　den Frauen　女性たちに

例外	
S式の名詞	den Autos
nの語尾の名詞	den Mädchen

■男性弱変化名詞

弱変化名詞とは，単数1格以外にすべて -[e]n の語尾がつく名詞のことである。

-e の語尾で男性を表す名詞や生き物のオスを表す名詞

Junge	少年	Kollege	同僚
Franzose	フランス人	Affe	猿

-and, -ant, -ent, -ist, -oge, -at の語尾の，ギリシャ語・ラテン語に由来する男性名詞

Doktor**and**	博士課程の学生	Demonstr**ant**	デモ参加者
Präsid**ent**	大統領	Poliz**ist**	警察官
Biol**oge**	生物学者	Demokr**at**	民主主義者

男性弱変化名詞の中には，2格でさらに -s がつくという特殊な変化をするものがある。

der Gedanke	思考	- des Gedanke**ns**
der Buchstabe	文字	- des Buchstabe**ns**
der Name	名前	- des Name**ns**
der Friede	平和	- des Friede**ns**

■国籍

	男性 イタリア人	弱変化 フランス人
1格	der Italiener	der Franzose
2格	den Italiener	den Franzose**n**
3格	dem Italiener	dem Franzose**n**
4格	des Italieners	des Franzose**n**

Belgier ベルギー人　　　　　Grieche ギリシャ人
Engländer イギリス人　　　Brite イギリス人
Holländer オランダ人　　　 Ire アイルランド人
Norweger ノルウェー人　　 Pole ポーランド人
Schweizer スイス人　　　　 Portugiese ポルトガル人
Schwede スウェーデン人　 Russe ロシア人
Spanier スペイン人　　　　 Tscheche チェコ人
Österreicher オーストリア人 Türke トルコ人
Australier オーストラリア人 Ungar ハンガリー人
Japaner 日本人　　　　　　Mongole モンゴル人
Koreaner 韓国人　　　　　 Chinese 中国人
Thailänder タイ人　　　　 Vietnamese ベトナム人
Afrikaner アフリカ人　　　 Asiate アジア人
Amerikaner アメリカ人　　 Europäer ヨーロッパ人

例外　ドイツ人（der/die Deutsche）は形容詞と同じ変化をする。
▶形容詞は111〜117ページ参照

女性形　単数では -in，複数では -innen。

Italiener**in**　　Italiener**innen**
Japaner**in**　　 Japaner**innen**
Französ**in**　　 Französ**innen**

Freundは「友達」でいいのか？

„mein Freund" は，女性が言うのか，男性が言うのかで意味が異なります。男性が言う場合は，「親しい友達」を意味しますが，女性が言うと「恋人」や「ボーイフレンド」を意味します。同様に男性が „meine Freundin" と言うと，「恋人」「ガールフレンド」を意味し，女性が言う場合には「親しい友達」になるのです。それでは，「異性の（親しい）友人」はどう表現するかというと，„ein (guter) Freund von mir"，„eine (gute) Freundin von mir" となり，これは同性でも使います。ちなみに「知人」は „ein Bekannter von mir"，„eine Bekannte von mir" です。

1ポイントレッスン

1 男性名詞と女性名詞に分けなさい。

Nachmittag ~~Elefant~~ Cognac Lehrerin Freund
Bauer Frau Schrift Chefin Februar Mutter
Busfahrer Frühling Schülerin Rose Morgen
Freitag Asiatin Wein Norden Münchnerin Schnee

der _____ die _____
Elefant ...

2 定冠詞を書きなさい。

___die___ Stunde   _____ Schwierigkeit   _____ Bücherei
_____ Koffer   _____ Argument   _____ Mehrheit
_____ Bäckerei   _____ Situation   _____ Fremdling
_____ Einsamkeit   _____ Religion   _____ Achtung
_____ Terror   _____ Dokument   _____ Gesellschaft
_____ Reaktor   _____ Direktor   _____ Tischlein
_____ Zentrum   _____ Mädchen   _____ Figur
_____ Kommunismus   _____ Dose   _____ Monument

3 複合語を作り，ふさわしい定冠詞を補いなさい。

Kaffee   Bett   ___die Gartenbank___
Telefon   Liebe   _____
Einbahn   Tasse   _____
Regen   Bank   _____
Brief   Buch   _____
Kinder   Werkstatt   _____
Auto   Straße   _____
Jugend   Tasche   _____
Garten   Schirm   _____

4 仲間はずれをさがしなさい。性の異なる名詞はどれでしょう？

1. Lösung
   Rose
   ~~Sozialismus~~
   Logik
2. Regen
   Natur
   Italiener
   Motor
3. Neuling
   Katholizismus
   Montag
   Bier
4. Schönheit
   Rauchen
   Engagement
   Studium
5. Klugheit
   Abend
   Oma
   Astrologin
6. Stöckchen
   Beste
   Element
   Wissenschaft

5 適切な定冠詞を補いなさい。

1. _der_ Schokoladenlehrer
2. _____ Eieröffnungsmaschine
3. _____ Autowaschhund
4. _____ Brillenessen
5. _____ Winterfebruar
6. _____ Phantasieschnaps
7. _____ Herbstmalerin
8. _____ Weihnachtstulpe

6 例にならって名詞の複数形を書きなさい。

1. Haus, das, ¨er   _die Häuser_
2. Ergebnis, das, -se   _____
3. Studentin, die, -nen   _____
4. Lehrer, der, -   _____
5. Firma, die, -en   _____
6. Schloss, das, ¨er   _____
7. Anfang, der, ¨e   _____
8. Situation, die, -en   _____

7 幹母音の変音に注意して複数形を書きなさい。

| — | -e | ¨e | -n | -en | -er | -s | -nen |

1. die Position, _Positionen_
2. die Maus, _____
3. der Freund, _____
4. die Veränderung, _____
5. der Berg, _____
6. das Foto, _____
7. die Direktorin, _____
8. der Priester, _____
9. der Baum, _____
10. der Rahmen, _____
11. das Sofa, _____
12. der Physiker, _____
13. die Blume, _____
14. das Mädchen, _____

8 複数形にしなさい。幹母音が変音するものもあります。

Meine Dame____ und Herr____ !
Sehr verehrte Kundin____ und Kund____ !
Wir haben heute wieder ganz tolle Sonderangebot____ für Sie.

Für die Dame____ :   Für die Herr____ :   Und für unsere Klein____ :
Rock____   Krawatte____   kurze Hose____
Bluse____   Seidenhemd____   T-Shirt____
Jacke____   Ledergürtel____   Badeanzug____
Schuh____   Pullover____   Sommerhut____
für nur 29,– Euro   für nur 19,– Euro   für nur 9,– Euro

9 複数形3格：語尾を補いなさい。

1. Die Lehrerin hilft den Student____ viel.
2. Du kannst den Ball nicht mitnehmen. Er gehört den Mädchen____ dort.
3. Heute Abend koche ich mit meinen spanischen Freund____ eine Paella.
4. Diese Uhr habe ich von meinen Eltern____ zum Geburtstag bekommen.
5. Der Direktor dankte in seiner Rede allen Arbeiter____ .
6. Morgen gehe ich mit meinen Kinder____ ins Schwimmbad.

10 単数2格と複数形：語尾を補いなさい。

1. Wir kommen am Ende der Woche____ .
2. Die Aussprache meiner Student____ （女性，複数）ist sehr gut.
3. Ich besuche dich Anfang des Monat____ .
4. Die Angestellten der Post____ verdienen wenig.
5. Die Nasen der Affe____ sehen sehr lustig aus.
6. Die Liebe seiner Mutter____ hat ihm bei dieser schweren Krankheit viel geholfen.

11 適切な組み合わせを見つけ，左の名詞を2格にして作文しなさい。

Maria	Büro ist im 2. Stock.
Dr. Müller	bester Pianist heißt …
Deutschland	Symphonien habe ich alle auf CD.
Thomas	Freundin ist sehr hübsch.
Mozart	Mann arbeitet bei Siemens.
Frankreich	Geburtshaus steht in Salzburg.
Beethoven	Hauptstadt ist Paris.
Angela	Motorrad war teuer.

Beethovens Symphonien habe ich alle auf CD.

12 男性弱変化名詞：語尾を補い，文章を完成させなさい。

1. Im Tierpark haben wir einen kleinen Affe_____ gesehen.
2. Die Kolleg_____ in meiner neuen Firma sind sehr hilfsbereit.
3. Haben deine Student_____ auch Probleme mit der Adjektivdeklination?
4. Euer Fußballclub hat einen sehr guten Präsident_____ .
5. Die Demonstrant_____ hörten nicht auf die Befehle der Polizist_____ .
6. Ich kann mich nicht an den Name_____ meines Kollege_____ erinnern.

13 次の国の国籍を持っている人を何と呼びますか？

	男性	女性
England	Engländer, -	Engländerin, -nen
Griechenland	_____	_____
Europa	_____	_____
Türkei	_____	_____
Österreich	_____	_____
Spanien	_____	_____
Russland	_____	_____
Asien	_____	_____
Holland	_____	_____
Portugal	_____	_____
Amerika	_____	_____
Polen	_____	_____
Frankreich	_____	_____
Schweiz	_____	_____
Italien	_____	_____
Japan	_____	_____

2★2 冠詞類 Artikelwörter

用法
冠詞（類）は単独か，または形容詞・分詞とともに名詞の前に置く。

■冠詞＋名詞
das Auto　　　　　ein Auto　車

■冠詞＋形容詞＋名詞
das rote Auto　　　ein rotes Auto　赤い車

■冠詞＋過去分詞＋名詞
das gestohlene Auto　ein gestohlenes Auto　盗まれた車

定冠詞と不定冠詞の使い分け

■不定冠詞
テキストや会話のなかで初めて出てくる名詞につける。

Hast du schon gehört? Daniel hat sich **ein** neues Auto gekauft. もう聞いた？　ダニエルが新しい車を買ったのよ。

■定冠詞
話し手と聞き手に既知の事柄，一般的に知られている物事や概念を表す名詞につける。

Das neue Auto von Daniel ist wirklich super!
ダニエルの新しい車はほんとうにすごいよ！

Die Kunst des 19. Jahrhunderts finde ich sehr interessant. 私は19世紀の芸術を非常に興味深いと思う。

名詞の前に置く形容詞の語尾は，冠詞（類）によって決まる。

定冠詞	不定冠詞	無冠詞
das **rote** Auto	ein **rotes** Auto	**rote** Autos

1ポイントレッスン

ドイツ語と日本語からなる語（群）にも冠詞が必要です。

Hiroko wohnt in **der** Präfektur Kanagawa.
ヒロコは神奈川県に住んでいる。

Auf **der** Shutoko-Stadtautobahn darf man oft nur 60 fahren. 首都高速道路では時速60kmしか出してはならないことが多い。

Der Weg **zum** Berg Fuji ist ganz schön anstrengend.
富士山への道のりはなかなか骨が折れる。

定冠詞類

定冠詞とよく似た格変化語尾を持つ冠詞類で，dieser (*this*), jeder (*each*), mancher (*some*) などがある。

■格変化

	男性	女性	中性	複数
1格	der	die	das	die
	dieser	diese	dieses	diese
	jeder	jede	jedes	alle
	mancher	manche	manches	manche
4格	den	die	das	die
	diesen	diese	dieses	diese
	jeden	jede	jedes	alle
	manchen	manche	manches	manche
3格	dem	der	dem	den
	diesem	dieser	diesem	diesen
	jedem	jeder	jedem	allen
	manchem	mancher	manchem	manchen
2格	des	der	des	der
	dieses	dieser	dieses	dieser
	jedes	jeder	jedes	aller
	manches	mancher	manches	mancher

Memobox 1

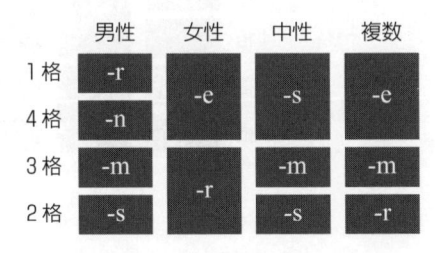

	男性	女性	中性	複数
1格	-r	-e	-s	-e
4格	-n			
3格	-m	-r	-m	-m
2格	-s		-s	-r

不定冠詞類

不定冠詞と同じ格変化語尾を持つ冠詞類で，否定冠詞 kein，所有冠詞 mein, dein, sein, ihr/Ihr, unser, euer, irgendein「だれか（何か）ある（人・物）」などがある。

■格変化

	男性	女性	中性	複数
1格	ein	eine	ein	–
	kein	keine	kein	keine
	mein*	meine	mein	meine
	irgendein	irgendeine	irgendein	irgendwelche
4格	einen	eine	ein	–
	keinen	keine	kein	keine
	meinen*	meine	mein	meine
	irgendeinen	irgendeine	irgendein	irgendwelche
3格	einem	einer	einem	–
	keinem	keiner	keinem	keinen
	meinem*	meiner	meinem	meinen
	irgendeinem	irgendeiner	irgendeinem	irgendwelchen
2格	eines	einer	eines	–
	keines	keiner	keines	keiner
	meines*	meiner	meines	meiner
	irgendeines	irgendeiner	irgendeines	irgendwelcher

*他に dein, sein, ihr/Ihr, unser, euer が同じ格語尾を持つ。

Memobox2

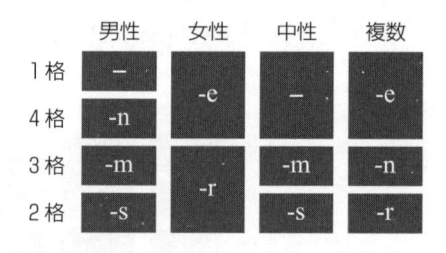

	男性	女性	中性	複数
1格	–	-e	–	-e
4格	-n	-e	–	-e
3格	-m	-r	-m	-n
2格	-s	-r	-s	-r

所有冠詞　　所有者の性によって決まる。

所有冠詞の語尾　　名詞の性によって格変化する。

名詞が男性名詞か中性名詞の1格の場合は語尾が付かず (sein/ihr Auto)，女性名詞の1格の場合は -e の語尾がつく (seine/ihre Uhr)。

3人称単数の所有冠詞には (sein/ihr) の2種類がある。

er/es→sein	Das Auto gehört **Herrn** Müller. この車はミュラー氏のものである。	=Es ist **sein** Auto. これは彼の車である。
sie→ihr	Das Auto gehört **Frau** Müller. この車はミュラー夫人のものである。	=Es ist **ihr** Auto. これは彼女の車である。
er/es→sein	Die Uhr gehört Herrn Müller. この時計はミュラー氏のものである。	=Es ist **seine** Uhr. これは彼の時計である。
sie → ihr	Die Uhr gehört Frau Müller. この時計はミュラー夫人のものである。	=Es ist **ihre** Uhr. これは彼女の時計である。

無冠詞 名詞に冠詞を付けずに用いる場合がある。

■不定冠詞の複数形　Haben Sie **Kinder**? お子さんはいますか。

■個人の名前　Das ist **Peter**. こちらはペーターです。

■都市名, 国名, 大陸名など　Ich lebe in **London/England/Europa**.
私はロンドン／イギリス／ヨーロッパに住んでいます。

■前置詞を伴わない時の添加成分　Ich komme **nächste Woche**. 私は来週、来ます。

■職業　Er ist **Arzt**. 彼は医者だ。

■国籍　Sie ist **Engländerin**. 彼女はイギリス人だ。

■計測単位を伴う名詞　Bring bitte **zwei Kilo Kartoffeln** mit!
ジャガイモを2キロ買ってきてちょうだい！

■不加算名詞　Brauchst du noch **Geld**? まだお金がいるの？

■素材，材料　Die Bluse ist aus **Baumwolle**. このブラウスは綿でできている。

■慣用表現　**Ende** gut, alles gut. 終わりよければすべて良し。

ただし形容詞などの付加語が付く場合には，定冠詞か不定冠詞を付ける。

Er ist ＿X＿ Arzt.　　　　　Er ist **ein guter** Arzt.
彼は医者だ。　　　　　　　　彼は良い医者だ。

Er hat früher in ＿X＿ Berlin gelebt.
彼は昔、ベルリンに住んでいた。

Er hat früher **im geteilten** Berlin gelebt.
彼は以前、分割されたベルリンに住んでいた。

英語との違いに注意！

Er ist Lehrer.　*He is a teacher.*
ドイツ語では通常，職業名には冠詞をつけません。ただし，その職業について説明する時には冠詞をつけます。

Ein Bäcker muss früh aufstehen.
パン職人は早起きしなくてはならない。

1ポイントレッスン

不加算名詞は複数形を使って「種類」を表す場合があります。

In Japan gibt es viele Biere: Lager, Weizenbier, Stout usw.
日本にはラガー，ヴァイツェンビール，スタウトなど，多くのビールの種類がある。

1 1格・3格・4格：指示に従って冠詞を変化させなさい。

1. Dies_e_ Farbe （1格） gefällt mir gar nicht.
2. Musst du denn wirklich jed___ Abend （4格） arbeiten?
3. Verstehst du Bairisch? Ich verstehe manch___ Leute （4格） in Bayern sehr schlecht.
4. In dies___ Stadt （3格） war ich schon in all___ Museen （3格）.
5. Unser___ Großmutter （1格） bäckt d___ besten Apfelstrudel （4格）.
6. In dies___ Lehrbuch （3格） sind manch___ Übungen （1格） ganz gut.
7. Kinder, nehmt eur___ Badesachen （4格） mit. Wir gehen noch ins Schwimmbad.
8. Ich habe leider kein___ Geschwister （4格）.
9. Ich finde Ihr___ Haus （4格） wunderschön!
10. Sie geht jed___ Tag （4格） zum Schwimmen.

2 リサ，マーチン，二人の両親の持ち物を分類しなさい。

s Sofa	s Taschenmesser	e Haarbürste	s Auto		
r Computer	s Halstuch	e Handtasche	Stühle (複数)	r Regenschirm	
r Fernseher	Katzen (複数)	s Poster	r Fußball	s Haus	
s Geschirr	s Kartenspiel	r Teppich			

Lisa	Martin	ihre Eltern
Das ist ihre Haarbürste.	Das ist sein Fußball.	Das ist ...
Das sind ...	Das sind ...	Das sind ihre Stühle.

3 mein-, dein-, sein-, ihr-, unser-, euer-：適切な形にして文を完成させなさい。

1. Diese Kinder! Immer lassen sie _____ Spielsachen in der Küche liegen!
2. Antonio hat schon wieder _____ Schlüssel (単数) verloren.
3. Nein, Kinder, jetzt könnt ihr noch nicht spielen gehen. Ihr müsst zuerst _____ Zimmer aufräumen.
4. _____ Lehrer gibt uns immer zu viele Hausaufgaben.
5. Sag mal, wo ist denn _____ Lehrerin?
6. Oma sucht _____ Brille. Habt ihr sie gesehen?
7. Ich kann leider nicht mitkommen. _____ Fahrrad ist kaputt.
8. Hans ist immer noch krank. _____ Halsschmerzen sind noch nicht besser.
9. Wie war denn _____ Reise? – Sehr schön, wir haben viel gesehen, und _____ Reiseleiterin war ganz toll.
10. Hast du _____ Tasche gesehen? – Nein. Aber vielleicht hast du sie ja zu Hause vergessen.

4 定冠詞か不定冠詞？：冠詞が不要な場合は×を補いなさい。

1. Heute ist _____ 23. April.
2. Kannst du mir bitte _____ Liter _____ Milch aus _____ Supermarkt mitbringen?
3. Dieses Hemd ist aus _____ Seide.
4. Haben Sie _____ Hunger? – Nein, ich habe gerade _____ Spaghetti gegessen.
5. Möchten Sie noch _____ Fleisch?
6. Gib bitte _____ Brigitte _____ Buch.
7. Meine Mutter ist _____ Schauspielerin.
8. Kennen Sie _____ Alfred Brendel? Er ist _____ berühmter deutscher Pianist.

9. Sie ist _____ Amerikanerin.
10. Könntest du bitte einkaufen gehen? Wir brauchen noch _____ Butter, _____ Äpfel, _____ Flasche Orangensaft und _____ Päckchen Reis.

5 冠詞が必要な場合は，適切な冠詞を補いなさい。

1. ☐ Hast du in _____ Deutschland auch so gern _____ Brötchen zum Frühstück gegessen?
   ■ Ja, natürlich. Jeden Morgen _____ Brötchen mit _____ Marmelade und danach _____ Scheibe Brot mit _____ Butter. Dazu habe ich immer _____ Tasse Kaffee mit _____ Milch und _____ Zucker getrunken.
   ☐ Das ist ja _____ typisch deutsches Frühstück! Du bist ja fast _____ Deutsche geworden.
   ■ Nein, nein. Aber _____ deutsche Frühstück schmeckt mir sehr gut.
2. ☐ Warum fahren Sie denn jedes Jahr im Urlaub nach _____ Österreich?
   ■ Meine Eltern sind _____ Deutsche, aber sie leben in _____ kleinen Dorf in Österreich, in der Nähe der deutschen Grenze. Besonders _____ Kinder fahren sehr gern dorthin.
3. ☐ Würden Sie lieber in _____ Dorf oder in _____ Stadt wohnen?
   ■ Ich weiß nicht. Als ich in _____ Madrid gelebt habe, hat mir _____ Großstadtleben eigentlich sehr gut gefallen.
4. ☐ Haben Sie Hunger?
   ■ Ja, denn ich habe heute Morgen nur _____ Milch getrunken.
   ☐ Dann mache ich Ihnen schnell _____ Suppe warm.
   ■ Danke, das wäre sehr nett.
5. ☐ Sollen wir noch in _____ Restaurant gehen?
   ■ Tut mir leid, aber ich habe kein Geld dabei.

☐ Macht nichts, ich lade dich ein, ich habe genug _____ Geld dabei.
■ Das ist sehr nett von dir. Wir müssen ja nicht in _____ teures Restaurant gehen. Ich esse sowieso am liebsten _____ Spaghetti.

6 適切な冠詞を空欄に記入しなさい。

| mancher | alle | dieser | ein | jeder | kein | der |

1. _____ Studenten in meiner Klasse sind immer pünktlich.
2. Wir sind Frühaufsteher. Wir stehen _____ Tag um 6.00 Uhr auf.
3. _____ Reise werde ich nie vergessen!
4. Kennen Sie _____ Mann dort?
5. Im Großen und Ganzen habe ich _____ Text verstanden, nur _____ Wörter nicht.
6. Hallo Klaus, wir machen am Samstag eine Party. Wir kaufen _____ Getränke, und _____ Gäste sollten bitte etwas zu essen mitbringen.
7. Darf ich Ihnen _____ Tasse Tee anbieten? – Nein danke, um _____ Uhrzeit trinke ich _____ Tee mehr, sonst kann ich nicht schlafen.
8. Mir haben fast _____ Arien in _____ Oper gefallen.
9. _____ Anfang ist schwer.
10. Vielen Dank, aber ich möchte jetzt nichts essen. Ich habe _____ Hunger.
11. Haben Sie wirklich _____ Bücher von Goethe gelesen?
12. _____ Pullover kannst du nicht mehr anziehen. Er ist doch ganz schmutzig.
13. Nein danke, ich mag _____ Wodka. Ich trinke fast nie Alkohol.
14. _____ Mann dort kenne ich.

2✪3　形容詞　Adjektive

■付加語的用法

形容詞を名詞の前に置いて名詞を修飾する場合は，形容詞の語尾が変化する。

Das ist aber eine **tolle** Tasche!（tolle > toll）
なんてすてきなバッグかしら！

■述語的用法

sein / werden の述語として使うときは語尾変化しない。

■ Ist sie **neu**?　これ（このバッグ）は新しいの？
□ Ja, ich habe sie gestern gekauft.
　そうよ、それは昨日買ったの。

格変化

名詞の直前に置いて付加語として使うとき，格変化語尾をつける。ただしその名詞が既出の場合には名詞を省略することができ，このとき形容詞は格変化語尾がつく。

■ Gefällt dir die **bunte** Tasche?
　このカラフルなバッグは気に入った？
□ Ja, aber die **schwarze** finde ich noch schöner.
　うん、でも黒いもののほうがもっと素敵だわ。

格変化には2つのタイプがある。

①定冠詞(類)が付く　　　②不定冠詞(類)が付く
　der neu**e** Film　新しい映画　　ein neu**er** Film
　die neu**e** Uhr　新しい時計　　eine neu**e** Uhr
　das neu**e** Haus　新しい家　　ein neu**es** Haus

①定冠詞(類) + 形容詞 + 名詞

定冠詞類には der, dieser, jeder/alle, mancher などがある。
▶103ページ参照

	男性 新しい映画	女性 新しい時計	中性 新しい家	複数 新しい映画
1格	der neue Film	die neue Uhr	das neue Haus	die neuen Filme
4格	den neuen Film	die neue Uhr	das neue Haus	die neuen Filme
3格	dem neuen Film	der neuen Uhr	dem neuen Haus	den neuen Filmen
2格	des neuen Films	der neuen Uhr	des neuen Hauses	der neuen Filme

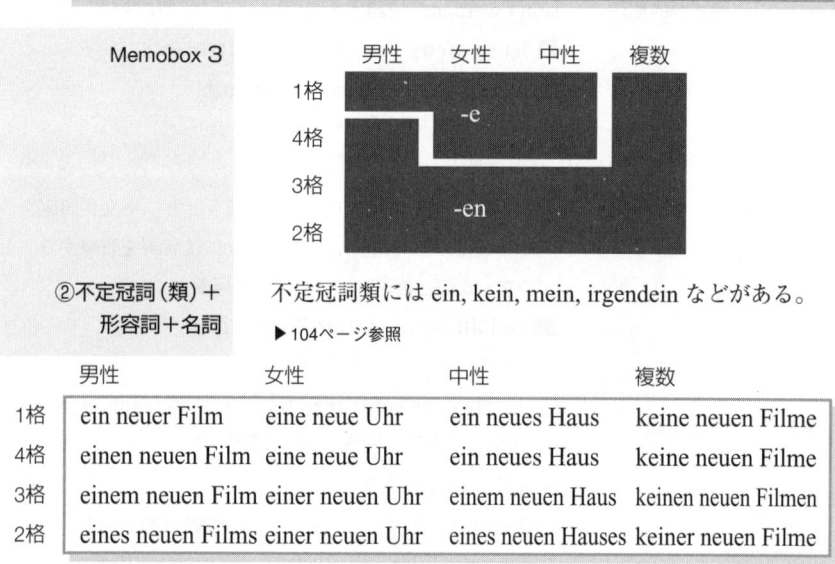

Memobox 3

	男性	女性	中性	複数
1格		-e		
4格				
3格		-en		
2格				

②不定冠詞（類）＋形容詞＋名詞

不定冠詞類には ein, kein, mein, irgendein などがある。

▶104ページ参照

	男性	女性	中性	複数
1格	ein neuer Film	eine neue Uhr	ein neues Haus	keine neuen Filme
4格	einen neuen Film	eine neue Uhr	ein neues Haus	keine neuen Filme
3格	einem neuen Film	einer neuen Uhr	einem neuen Haus	keinen neuen Filmen
2格	eines neuen Films	einer neuen Uhr	eines neuen Hauses	keiner neuen Filme

■**冠詞がつかない場合**

定冠詞類と同じ格変化語尾をつける。

▶Memobox 1 103ページ参照

	男性	女性	中性	複数
1格	-r	-e	-s	-e
4格	-n	-e	-s	-e
3格	-m	-r	-m	-m
2格	-s	-r	-s	-r

■**4格の例**　den Wein　Ich trinke gern französischen Rotwein.
私はフランスの赤ワイン（を飲むの）が好きだ。

die Schokolade　Ich esse gern deutsche Schokolade.
　　　　　　　　私はドイツのチョコレート（を食べるのが）好きだ。

das Obst　　　　Ich esse gern frisches Obst.
　　　　　　　　私は新鮮な果物（を食べるの）が好きだ。

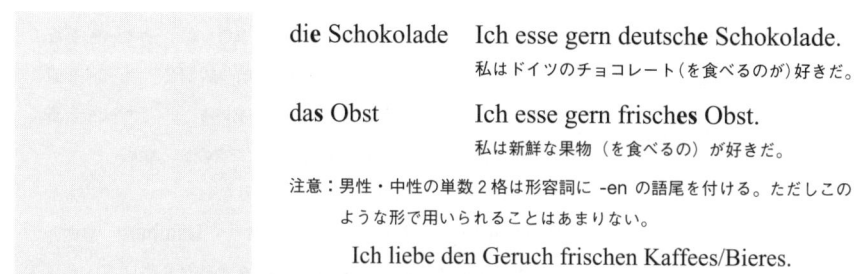

注意：男性・中性の単数2格は形容詞に -en の語尾を付ける。ただしこのような形で用いられることはあまりない。

　　　　　　　　Ich liebe den Geruch frischen Kaffees/Bieres.
　　　　　　　　私は新鮮なコーヒー／ビールの香りが大好きだ。

定冠詞と形容詞の格変化語尾の違いに気をつけよう。

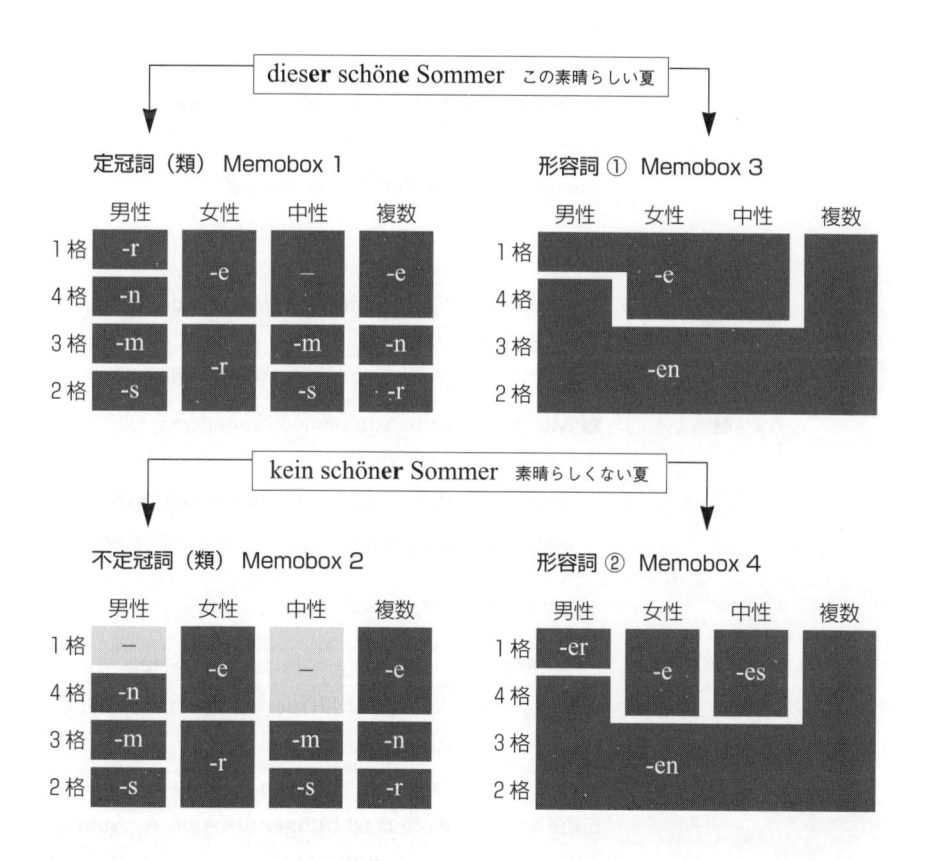

dieser schöne Sommer　この素晴らしい夏

定冠詞（類）Memobox 1

	男性	女性	中性	複数
1格	-r	-e	—	-e
4格	-n	-e	—	-e
3格	-m	-r	-m	-n
2格	-s	-r	-s	-r

形容詞 ① Memobox 3

	男性	女性	中性	複数
1格		-e		
4格		-e		
3格	-en	-en	-en	-en
2格	-en	-en	-en	-en

kein schöner Sommer　素晴らしくない夏

不定冠詞（類）Memobox 2

	男性	女性	中性	複数
1格	—	-e	—	-e
4格	-n	-e	—	-e
3格	-m	-r	-m	-n
2格	-s	-r	-s	-r

形容詞 ② Memobox 4

	男性	女性	中性	複数
1格	-er	-e	-es	
4格		-e	-es	
3格	-en	-en	-en	-en
2格	-en	-en	-en	-en

2-3 形容詞

■特別な変化をする形容詞	teuer 高価な	ein **teur**es Haus 高価な家 → -e- を省く
	dunkel 暗い	ein **dunkl**es Zimmer 暗い部屋 → -e- を省く
	hoch 高い	ein **hoh**er Turm 高い塔 → -c- を省く
	rosa ピンク色の	ein **rosa** Kleid ピンクのドレス

→ -a で終わる形容詞は語尾変化をしない

der **Hamburger** Hafen ハンブルクの港（< Hamburg ハンブルク）

→都市名から派生した形容詞には -er の語尾をつける

分詞の形容詞的用法

現在分詞と過去分詞に形容詞と同様の格変化語尾をつけて，名詞を修飾することができる。

現在分詞

不定形 -d

現在分詞＋形容詞の格変化語尾

der **blühende** Apfelbaum 花盛りのリンゴの木

過去分詞＋形容詞の格変化語尾

das **geschlossene** Fenster 閉じられた窓

比較

■比較級

Welches Sweatshirt findest du **schöner**, das blaue oder das rote?

どちらのスウェットシャツが素敵だと思う，青いほうそれとも赤いほう？

■最上級

■ Mir gefällt keins von beiden besonders.

私はどちらも特に気に入らないな。

□ Schau mal, dieses bunte, das ist das **schönste** von allen hier. Mir gefällt es jedenfalls **am besten**.

見てよ、このカラフルなの、これがここにあるもののなかで一番素敵よ。
私はとにかくこれが一番気に入った。

■述語的用法

比較級：-er	最上級：am -sten

klein 小さい　Auto B ist **kleiner** als Auto A. Auto C ist **am kleinsten**.

B車はA車よりも小さい。C車がいちばん小さい。

billig 安い　Auto B ist **billiger** als Auto A. Auto C ist **am billigsten**.

B車はA車よりも安い。C車がいちばん安い。

■付加語的用法

schnell（速い） Auto B fährt **schneller** als Auto C.
Auto A fährt **am schnellsten**.
B車はC車よりも速く走る。A車がいちばん速く走る。

比較級	最上級
-er＋形容詞の格変化語尾	-st＋形容詞の格変化語尾

klein 小さい Ich kaufe das **kleinere** Auto.
Ich kaufe das **kleinste** Auto.
私は小さいほうの車を買う。私はいちばん小さい車を買う。

billig 安い Ich kaufe das **billigere** Auto.
Ich kaufe das **billigste** Auto.
私は安いほうの車を買う。私はいちばん安い車を買う。

schnell 速い Ich kaufe das **schnellere** Auto.
Ich kaufe das **schnellste** Auto.
私は速いほうの車を買う。私はいちばん速い車を買う。

■不規則な変化

	比較級	最上級	
gut 良い	besser	am besten	
viel 多くの	mehr	am meisten	mehr, weniger は変化語尾がつかない。
gern 喜んで	lieber	am liebsten	
dunkel 暗い	dunkler	am dunkelsten	
teuer 高価な	teurer	am teuersten	
warm 暖かい	wärmer	am wärmsten	1音節の形容詞は a, o, u がウムラウトすることが多い。(ä, ö, ü)
jung 若い	jünger	am jüngsten	
klug 賢い	klüger	am klügsten	
wild 野生の	wilder	am wildesten	-d, -t, -s, -ss, -ß, -sch,-x, -z で終わる形容詞には -est がつく。
breit 幅の広い	breiter	am breitesten	
hübsch 素敵な	hübscher	am hübschesten	
nah 近い	näher	am nächsten	
hoch 高い	höher	am höchsten	

■alsとwie　比較級＋als（英語 than）「～より…だ」
Aber Lisa ist **größer als** Angela.
でもリーザはアンゲラよりも背が高い。

■so ... wie　「～と同じくらい…だ」（同等比較）
Lisa ist genau **so groß wie** Georg.
リーザはゲオルクと同じくらいの背の高さだ。

形容詞／分詞の名詞化　形容詞の頭文字を大文字にして，名詞として用いることができる。形容詞と分詞が名詞化した語は，形容詞の付加語的用法とまったく同じ語尾変化をする。

■ Wie war denn deine letzte Reisegruppe? Waren wieder so viele Rentner dabei?
君の最近の旅行団体はどうだったの？　また大勢の年金生活者がいたの？

□ Nein, diesmal nicht. Es waren sogar ein paar **Jugendliche** ① unter den **Reisenden** ②, und das **Schönste** ③ war, dass auch zwei alte **Bekannte** ④ von mir mitgefahren sind.
いいや，今回は違ったよ。それどころか，旅行者の中には2，3人の青少年もいて，そしてもっとも素晴らしかったことは，私の古くからの2人の知人が一緒に来ていたことだよ。

①, ③, ④　形容詞の名詞化
②　　　　現在分詞の名詞化

■定冠詞(類)が付く場合

会社員

	男性	女性	複数
1格	der Angestellte	die Angestellte	die Angestellten
4格	den Angestellten	die Angestellte	die Angestellten
3格	dem Angestellten	der Angestellten	den Angestellten
2格	des Angestellten	der Angestellten	der Angestellten

■不定冠詞(類)が
　付く場合

	会社員 男性	女性	複数
1格	ein Angestellter	eine Angestellte	Angestellte
4格	einen Angestellten	eine Angestellte	Angestellte
3格	einem Angestellten	einer Angestellten	Angestellten
2格	eines Angestellten	einer Angestellten	Angestellter

■形容詞の名詞化　　der/die Arbeitslose 失業者　der/die Bekannte 知人
　　　　　　　　　der/die Blonde 金髪の人　der/die Deutsche ドイツ人
　　　　　　　　　der/die Fremde 外国人、見知らぬ人　der/die Kranke 患者
　　　　　　　　　der/die Schuldige 罪人　der/die Tote 死者
　　　　　　　　　der/die Verwandte 親戚　das Gute 善　das Beste 最良のこと
　　　　　　　　　der/die Schnellste 最も早い人（もの）

■現在分詞の名詞化　der/die Abwesende 欠席者　der/die Anwesende 出席者
　　　　　　　　　der/die Auszubildende 職業見習　der/die Reisende 旅行者
　　　　　　　　　der/die Vorsitzende 議長・会長

■過去分詞の名詞化　der/die Angestellte 従業員　サラリーマン
　　　　　　　　　der Beamte/die Beamtin 公務員　der/die Betrunkene 酔っ払い
　　　　　　　　　der/die Gefangene 囚人　der/die Verheiratete 既婚者
　　　　　　　　　der/die Verletzte 負傷者　der/die Verliebte 恋人
　　　　　　　　　der/die Vorgesetzte 上司

1　1格：疑問文を作りなさい。

1. das Kleid – rot – schwarz
   Welches Kleid gefällt Ihnen besser, das rote oder das schwarze?
2. die Hose – schwarz – blau
3. die Schuhe – braun – weiß
4. der Pullover – bunt – einfarbig
5. das Hemd – kariert – gestreift
6. der Mantel – dick – dünn
7. die Taschen – groß – klein
8. die Jacke – blau – grün

2　1格・4格：適切な格変化語尾を空欄に補いなさい。

1. Die letzt____ Aufgabe（1格）war schwierig.
2. Jeder neu____ Anfang（1格）ist schwer.
3. Diese kaputt____ Jeans（4格）kannst du doch nicht mehr anziehen!
4. Das blond____ Mädchen（4格）dort finde ich sehr hübsch.
5. Wir haben den ganz____ Monat（4格）Urlaub.
6. Zeigen Sie mir bitte alle deutsch____ Lehrbücher（4格）, die Sie haben.
7. Geben Sie mir bitte den schwarz____ Stift（4格）dort.
8. Ich möchte bitte das halb____ Brot（4格）.
9. Fast alle jung____ Leute（1格）in Deutschland sprechen Englisch.
10. Heute Abend sehe ich die neu____ Freundin（4格）von Franz zum ersten Mal.
11. Meine Großmutter hat mir schon manchen gut____ Rat（4格）gegeben.
12. In Deutschland sind die Geschäfte jeden erst____ Samstag（4格）im Monat länger geöffnet.

3 1格：適切な格変化語尾を空欄に補いなさい。

1. Das ist ein sehr langweilig____ Film.
2. Sie ist eine sehr intelligent____ Frau.
3. Ist das hier Ihr neu____ Fahrrad? Das ist ja super!
4. Er ist meine groß____ Liebe.
5. Ihre klein____ Tochter ist wirklich sehr musikalisch.
6. Das ist aber ein sehr gemütlich____ Restaurant.
7. Das ist doch kein frisch____ Brot. Es ist viel zu hart.
8. Sie wird sicher eine gut____ Musikerin.

4 4格：例にならって質問に対する答えの文を書きなさい。

Was schenken Sie Ihrem Freund zum Geburtstag?

1. das Buch – interessant   Ich schenke ihm ein interessantes Buch.
2. die Uhr – neu   6. die Torte – groß
3. der Pullover – blau   7. das Hemd – bunt
4. das Wörterbuch – deutsch   8. die Krawatte – modern
5. der Hund – klein

5 質問に対する答えの文を書きなさい。

Was mögen Sie gern?   Was mögen Sie nicht gern?

klein	teuer	schnell		Männer		Restaurants
langweilig		schlecht		Autos	Filme	Reisen
fremd	billig	gut		Kinder		Fernseher
schön	interessant			Länder		Motorräder
lang	nett			Leute	Jobs	Tiere

Ich mag gern fremde Länder. Ich mag keine langweiligen Filme.

6 適切な格変化語尾を補いなさい。

Beatrice kritisiert immer die Kleidung ihrer Freundin.

1. Warum trägst du eine grün____ Hose mit einer violett____ Bluse?
2. Warum trägst du im Sommer diese dick____ Strümpfe?
3. Warum kaufst du nie ein modern____ Kleid?
4. Warum trägst du einen gelb____ Mantel mit einem rot____ Hut?
5. Warum trägst du keinen schick____ Minirock mit deinen schön____ Beinen?
6. Warum gehst du nicht mit deiner gut____ Freundin Beatrice zum Einkaufen?

7 形容詞を適切な形にして補い、対話を完成させなさい。

1. ☐ Gibt es hier ein _französisches_ Restaurant? — französisch
   ■ Nein, nur ein _____ . — deutsch
2. ☐ Hörst du immer diese _____ Rockmusik? — laut
   ■ Nein, fast nie. Meistens höre ich _____ Musik. — klassisch
3. ☐ Kaufst du jede _____ CD von den Rolling Stones? — neu
   ■ Nein, ich kaufe nur die _____ . — gut
4. ☐ Warum ziehst du nicht deine _____ Schuhe an? — warm
   ■ Weil ich lieber meine _____ anziehen möchte. — neu
5. ☐ Nimm doch noch ein Stück von ihrem _____ Kuchen! — gut
   ■ Nein danke, ich bin wirklich satt.
6. ☐ Gibt es am Sonntag in Deutschland _____ Brot zu kaufen? — frisch
   ■ Ja, in einigen Bäckereien.

8 交際相手募集の広告です。適切な格変化語尾を補いなさい。

Hübsch____, jung____, blond____ Frau sucht einen reich____, schwarzhaarig____ Akademiker aus gut____ Familie mit schnell____ Auto und dick____ Bankkonto.

Chiffre XXX

Attraktiv____, jugendlich____ Mann, Anfang 50, sucht liebevoll____, sportlich____ Frau (20 bis 30 Jahre alt), die gut____ kocht und sehr häuslich____ ist.

Chiffre XXX

9 比較級と最上級：形容詞を比較変化させ，規則変化か不規則変化で分類しなさい。

klein   leicht   schnell   früh   klug   teuer   ~~reich~~
gern   ~~arm~~   hübsch   viel   nett   hoch   gut
glücklich   laut   stark   schwierig   dunkel   alt

規則
reicher/am reichsten

不規則
ärmer/am ärmsten

10 比較級を使って命令文をつくりなさい。

1. Frau Laut spricht sehr leise. → Bitte sprechen Sie lauter!
2. Jemand ist immer so ungeduldig.
3. Ihr Sohn ist nicht höflich zur Nachbarin.
4. Anita geht so langsam.
5. Jemand fährt sehr schnell Auto.
6. Die Kinder helfen ihrer Mutter zu wenig.
7. Jemand geht immer zu spät ins Bett.
8. Ihr Sohn macht das Radio immer so laut.

11 比較級を使って文を完成させなさい。

1. Dieses Hotel ist zu teuer. Gibt es hier kein __billigeres__ ?
2. Diese Übungen sind so schwierig. Ich würde lieber _____ Übungen machen.
3. Nein danke, dieser Pullover ist zu dünn. Ich suche einen _____ .
4. Der Weg ist mir zu lang. Kennst du keinen _____
5. Der Job ist mir zu langweilig. Ich suche mir einen _____ .
6. Das Restaurant war nicht gut. Nächstes Mal gehen wir aber in ein _____ .
7. Das Brot ist schon hart. Hast du kein _____ ?
8. Der Wein ist nicht gut. Nächstes Mal kaufen wir einen _____ .

12 最上級を使って文を完成させなさい。

1. ☐ Wer läuft schneller, Judith, Sarah oder Hanna?
   ■ Hanna läuft _____ .   schnell
2. ☐ Was ist denn los?
   ■ Mein Gott, wir haben die _____ Sache vergessen.   wichtig
3. ☐ Das sind die _____ Schuhe, die ich je gekauft habe.   teuer
   ■ Es sind aber auch die _____ , die du je hattest.   elegant
4. ☐ Was sind denn Ihre _____ Reisepläne?   neu
   ■ Ich würde _____ nochmal nach Island fahren.   gern
5. ☐ Wer ist die _____ Frau der Welt?   reich
   ■ Ich glaube, die Königin von England.
6. ☐ Wer ist denn der _____ Student im Kurs?   jung
   ■ Jürgen.

13 最上級にして，さらに格変化させなさい。

1. der ___kürzeste___ Weg — kurz
2. die _____ Hotels — gut
3. ihre _____ Jeans — alt
4. die _____ Deutschen — viel
5. die _____ Aufgabe — schwierig
6. meine _____ Schwester — jung
7. der _____ Berg — hoch
8. der _____ Fluss — lang

14 比較の文を作りなさい。

1. Empire State Building – Eiffelturm – hoch
   Das Empire State Building ist höher als der Eiffelturm.
2. Elefant – Giraffe – dick sein
3. Wohnungen in München – Wohnungen in Hamburg – teuer sein
4. der ICE in Deutschland – der TGV in Frankreich – schnell fahren
5. Eis in Italien – Eis in Deutschland – gut schmecken
6. Katze – Maus – groß sein
7. Paris – Rom – mir gut gefallen
8. Eva – Angela – schnell schwimmen

15 形容詞と分詞を名詞化して空欄を埋めなさい。

1. Beim Oktoberfest in München gibt es immer viele __Betrunkene__. (betrunken)
2. Die Zahl der _____ (arbeitslos) in Deutschland steigt.
3. Während des Sommers kommen viele _____ (fremd) nach Bayern.
4. Das _____ (schlimm; 最上級) ist, dass ich so vergesslich bin.
5. Alle _____ (angestellt) in Deutschland haben eine Krankenversicherung.
6. _____ (rothaarig) haben meistens eine helle Haut.
7. Seit er so schwer krank ist, lebt er wie ein _____ (gefangen) in seiner Wohnung.
8. Das _____ (schön; 最上級) in Bayern sind die Berge.
9. Die _____ (deutsch) trinken mehr Kaffee als Tee.
10. Der Autor begrüßte alle _____ (anwesend) und begann mit seinem Vortrag.

16 形容詞と分詞を名詞化して，冠詞に応じて語尾変化させなさい。

verliebt	ein	Verliebter	–	Verliebte
arbeitslos	die	_____	alle	_____
neugierig	eine	_____	diese	_____
intellektuell	die	_____	alle	_____
verwandt	der	_____	zwei	_____
blind	die	_____	–	_____
anwesend	ein	_____	viele	_____
böse	eine	_____	manche	_____
bekannt	ein	_____	–	_____

▶103～105, 136～137ページ参照

2-4 数 Zahlen

基数

0	**null**	10	**zehn**	20	**zwanzig**
1	**eins**	11	**elf**	21	ein**und**zwanzig
2	**zwei**	12	**zwölf**	22	zwei**und**zwanzig
3	**drei**	13	drei**zehn**	30	**dreißig**
4	**vier**	14	vier**zehn**	40	vier**zig**
5	**fünf**	15	fünf**zehn**	50	fünf**zig**
6	**sechs**	16	sech**zehn**	60	sech**zig** ［ゼヒツィヒ］
7	**sieben**	17	sieb**zehn**	70	sieb**zig** ［ズィープツィヒ］
8	**acht**	18	acht**zehn**	80	acht**zig**
9	**neun**	19	neun**zehn**	90	neun**zig**

100	[ein]hundert		1 000	[ein]tausend
101	[ein]hunderteins		10 000	zehntausend
110	[ein]hundertzehn		100 000	[ein]hunderttausend
			1 000 000	eine Million, -en
			1 000 000 000	eine Milliarde, -n

1を名詞の付加語として用いるときは不定冠詞と同様に格変化させる。

Ich trinke pro Tag nur **eine** Tasse Kaffee.
_{私は一日に1杯しかコーヒーを飲まない。}

1ポイントレッスン

間違えやすい数字のスペル
次のように間違えないように気をつけましょう。

zw<u>ei</u>zig, ein<u>s</u>undzwanzig, dre<u>i</u>zig, se<u>ks</u>zig, sieb<u>en</u>zig,

序数 「…番目の」などの順序を表すのが**序数**である。1から19番目までは -te，20番目以上は -ste の語尾をつける。アラビア数字で表すときは7.のように数字の後にピリオドを打つ。

1.～19.: -te			20以上 : -ste		
1.	der, die, das	**erste**	20.	der, die, das	zwanzig**ste**
2.		zweite	21.		einundzwanzig**ste**
3.		**dritte**			
4.		vierte	99.		neunundneunzig**ste**
5.		fün**f**te	100.		hundert**ste**
6.		sech**ste**	101.		hunderter**ste**
7.		**siebte**			
8.		**achte**	1 000.		tausend**ste**
9.		neunte	1 001.		tausender**ste**
10.		zehnte			
11.		el**f**te			
...					
19.		neunzehnte			

形容詞と同じ格変化語尾をつける。
Er kommt am fünfzehnt**en** Mai. 彼は5月15日に来る。
Das ist mein dritt**er** Versuch. これが私の3回目の試みだ。

数の副詞

Ich möchte nicht mehr Ski fahren. **Erstens** kann ich es nicht gut und **zweitens** ist es teuer.
私はもうスキーをしたくない。第一に私は上手にできないし、第二にスキーは高くつく。

Weißt du, wer mich gerade angerufen hat? **Dreimal** darfst du raten.
誰が今さっき私に電話してきたか、わかる？3回のうちにあてればいいわよ。(=わかりきってるじゃないの（話し言葉で）)

Ich brauche diesen Brief in **dreifacher** Kopie.
私はこの手紙のコピーが3枚必要である。

第…に	…回，…倍の	…重の
erst**ens**	ein**mal**	ein**fach**
zweit**ens**	zwei**mal**	zwei**fach**/doppelt
dritt**ens**	drei**mal**	drei**fach**
viert**ens**	vier**mal**	vier**fach**

小数，分数，単位，通貨

表記	読み方
0,5	null Komma fünf
1/2	ein halb
1/3	ein Drittel
1/4	ein Viertel
1 1/2	eineinhalb (anderthalb)
2 1/2	zweieinhalb
1 mm	ein Millimeter
1 cm	ein Zentimeter
1 m	ein Meter
1,30 m	ein Meter dreißig
1 km	ein Kilometer
60 km/h	sechzig Stundenkilometer
1 m²	ein Quadratmeter
1 g	ein Gramm

1 kg	ein Kilo[gramm]
2 Pfd.	zwei Pfund = ein Kilo (1 Pfund = 500 Gramm)
1 l	ein Liter
1%	ein Prozent
1°	ein Grad（Celsius 摂氏）
−5°	minus fünf Grad/fünf Grad unter Null
+2°	plus zwei Grad/zwei Grad über Null
3,50 EUR	drei Euro fünfzig
−,30 EUR	dreißig Cent
8,20 SF	acht Franken zwanzig（スイス）
−,40 SF	vierzig Rappen（スイス）

時刻

表記	読み方（公式）	読み方（非公式）
8.05	acht Uhr fünf	fünf nach acht
8.15	acht Uhr fünfzehn	Viertel nach acht
8.20	acht Uhr zwanzig	zwanzig nach acht
8.30	acht Uhr dreißig	halb neun
8.40	acht Uhr vierzig	zwanzig vor neun
8.45	acht Uhr fünfundvierzig	Viertel vor neun
8.55	acht Uhr fünfundfünfzig	fünf vor neun
21.30	einundzwanzig Uhr dreißig	halb zehn
0.05	null Uhr fünf	fünf nach zwölf

die Sekunde, -n 秒	sekundenlang 数秒間の
die Minute, -n 分	minutenlang 数分間も
die Stunde, -n 時間	stundenlang 数時間も

1ポイントレッスン

時刻がちょうど「2時」などの場合は「…時」を表す Uhr を使うことができますが、「2時15分」などの場合は Uhr をつけません。

Es ist 2 (Uhr). 2時です。
Es ist halb 3. 2時半です。

年号，日付

表記	読み方
1998	neunzehnhundertachtundneunzig
1. April	erster April - Heute ist der erste April.
1. 4.	erster Vierter - Heute ist der erste Vierte. 今日は4月1日です。
7. Mai 1975	Ich bin am siebten Mai neunzehnhundertfünfundsiebzig geboren.
7. 5. 1975	Ich bin am siebten Fünften neunzehnhundertfünfundsiebzig geboren. 私は1975年5月7日に生まれた。
Berlin, den 12. 6. 1980	Berlin, den zwölften Sechsten neunzehnhundertachtzig ベルリン，1980年6月12日（手紙などの日付）

英語との違いに注意！

ドイツ語では年代の前に前置詞をつけません。

私は2006年にドイツへ行きます。
2006 fahre ich nach Deutschland.
In 2006 I will travel to Germany.

曜日・週

der/am Sonntag 日曜日／に	sonntags （毎）日曜日に
der/am Montag 月曜日／に	montags
der/am Dienstag 火曜日／に	dienstags
der/am Mittwoch 水曜日／に	mittwochs
der/am Donnerstag 木曜日／に	donnerstags
der/am Freitag 金曜日／に	freitags
der/am Samstag 土曜日／に	samstags
der Wochentag, -e 平日	werktags 平日に
das/am Wochenende 週末／に	
der Tag, -e 日	tagelang 数日間も
die Woche, -n 週	wochenlang 何週間も

違いに注意しましょう。

Am Sonntag fahren wir in die Berge.（＝来週の日曜日）
日曜日に私たちは山へドライブします。

Sonntags schlafe ich immer länger.（＝毎週日曜日）
私は日曜日はいつも，普段より長く眠る。

一日の時間帯

der/am Tag, -e 日，昼間／に	tagsüber 日中
der/am Morgen 朝／に	morgens 朝に
der/am Abend, -e 晩／に	abends 晩に
der/am Vormittag, -e 午前／に	vormittags 午前に
der/am Nachmittag, -e 午後／に	nachmittags 午後に
die/in der Nacht, -e 夜／に	nachts 夜に
der/am Mittag 昼／に	mittags 昼に
die/um Mitternacht 深夜／に	

月

der/im Januar 1月／に	der/im Juli 7月／に
der/im Februar 2月／に	der/im August 8月／に
der/im März 3月／に	der/im September 9月／に
der/im April 4月／に	der/im Oktober 10月／に
der/im Mai 5月／に	der/im November 11月／に
der/im Juni 6月／に	der/im Dezember 12月／に

季節

der/im Frühling 春／に	der/im Herbst 秋／に
der/im Sommer 夏／に	der/im Winter 冬／に
das Jahr, -e 年	jahrelang 何年間も
das Jahrzehnt, -e 10年	jahrzehntelang 数十年にわたって
das Jahrhundert, -e 1世紀	jahrhundertelang 数世紀にわたって

日本語と比べよう!

未来の時を表すときは前置詞 in を用います。

私は二週間後に日本に帰国します。
In (✗ Nach) 2 Wochen fahre ich nach Japan zurück.

1 値段の読み方を書きなさい。

1. 39,90 Euro　neununddreißig Euro neunzig
2. 99,30 Euro
3. 119,– SF
4. 680,– Euro
5. 5,20 Euro
6. 39,– Euro
7. 10,000 Yen
8. 30,000 Yen
9. 100,000 Yen
10. 1,000,000 Yen
11. 10,000,000 Yen

2 時間の読み方を書きなさい。

1. 23.10 Uhr　Es ist dreiundzwanzig Uhr zehn. / Es ist zehn nach elf.
2. 8.30 Uhr
3. 15.45 Uhr
4. 21.05 Uhr
5. 6.40 Uhr
6. 9.15 Uhr
7. 11.20 Uhr
8. 1.15 Uhr
9. 7.55 Uhr
10. 22.10 Uhr

3 日付の読み方を書きなさい。

1. Wann ist Johann Wolfgang von Goethe geboren?　　28.8.1749
   Am achtundzwanzigsten Achten siebzehnhundertneunundvierzig.
2. Wann ist Johann Sebastian Bach geboren?　　21.3.1685
3. Wann ist Caspar David Friedrich geboren?　　5.9.1774
4. Wann ist Otto Graf von Bismarck geboren?　　1.4.1815
5. Wann ist Bertolt Brecht geboren?　　10.2.1898
6. Und Sie? Wann sind Sie geboren?
7. Wann sind Ihr Vater und Ihre Mutter geboren?

4 日付の読み方を書きなさい。

1. Wien, den 21.3.1988
2. Bis wann muss ich das Formular abgeben?   – Bis spätestens 31.12.
3. Wann fliegen Sie nach Sydney?   – Am 30.7.
4. Wann habt ihr geheiratet?   – Am 22.2.1965.
5. Wann ist dieses Buch erschienen?   – 1996.
6. Der Wievielte ist heute?   – Der 4.
7. Wann werden Sie zurück sein?   – Nicht vor dem 12.
8. Wie lange ist das Geschäft geschlossen?   – Vom 1.8. bis 24.8.

5 文章を完成させなさい。

1. Geben Sie mir bitte _____ (2 kg) Kartoffeln und _____ (1 Pfd.) Karotten.
2. Mein Bett ist _____ (2 m) lang und _____ (1,20 m) breit.
3. _____ (jeden Montag) muss ich immer etwas länger im Büro bleiben.
4. Diese Schuhe sind von sehr guter Qualität. Sie sind sogar _____ (2x) genäht.
5. Ich habe gestern _____ (4x) bei dir angerufen, aber du warst nie zu Hause.
6. Deutsches Bier hat durchschnittlich _____ (5%) Alkohol.
7. Letzte Nacht war es sehr kalt. Es hatte _____ (–10°).
8. Kannst du mir bitte _____ (3 l) Milch mitbringen, wenn du einkaufen gehst?
9. _____ (jeden Morgen) trinke ich lieber Kaffee, _____ (jeden Nachmittag) lieber Tee.
10. Ich habe _____ (viele Jahre) auf diese Gelegenheit gewartet.
11. Das ist schon mein _____ (3.) Versuch, ihn telefonisch zu erreichen.
12. Ungefähr _____ (1/3) meiner Studenten spricht schon sehr gut Deutsch.

2★5 代名詞　Pronomen

代名詞は，文の成分や文，テキストの代わりとして使われ，既出の事柄を短く表現することができる。

■ Ich habe mir eine neue Uhr gekauft.
　　新しい時計を買ったよ。

□ Zeig mal. **Die** ist aber sehr schön.　見せて。これ，素敵ね。
　(=**Die neue Uhr** ist sehr schön.)

■ Glaubst du, dass wir den nächsten Zug noch erreichen können?　次の列車にまだ間に合うと思う？

□ Ich weiß **es** nicht. (Ich weiß nicht, **ob wir den nächsten Zug noch erreichen können**.)
　　それはわからないよ。

話題に挙がったことをすべて繰り返す代わりに
Das ist ja wirklich interessant!
　それはほんとうに興味深いね！

人称代名詞

	単数					複数		彼ら,それら／
	私	君	彼	彼女	それ	私たち	君たち	あなた(がた)
1格	ich	du	er	sie	es	wir	ihr	sie/Sie
4格	mich	dich	ihn	sie	es	uns	euch	sie/Sie
3格	mir	dir	ihm	ihr	ihm	uns	euch	ihnen/Ihnen
2格	(現代ではほとんど使われない)							

Abends las **die Großmutter den Kindern** immer Geschichten vor.
晩に　　　　祖母は　　　　　　子供たちに　　　いつも　物語を　朗読した。

Abends las **sie** **ihnen** immer Geschichten vor.
晩に　　　彼女は　　　彼らに　　いつも　物語を　朗読した。

■人称代名詞の3人称単数形の使い方

3人称単数形には er, sie, es の3つがあり，名詞の性によって使い分ける。英語のように人か物かで使い分けるのではないので注意が必要である。3人称複数の代名詞は性に関わらず sie（1格）を使う。

例　名詞（1格）　　　　　　　　　　　　　代名詞
　　die Tasche　バッグ（女性名詞）　　　　sie
　　das Mädchen　女の子（中性名詞）　　　es
　　der Kuchen　ケーキ（男性名詞）　　　　er
　　Wo ist der <u>Hausschlüssel</u>? Hast du ihn?
　　　　　　　　男性名詞（1格）　　　　代名詞・男性（4格）
　　玄関の鍵はどこ？　君が（それを）持ってるの？

■前置詞＋代名詞

■ Ich komme gleich.　すぐに行くわ。
　Warte bitte auf **mich**.　私を待ってちょうだい。

1ポイントレッスン

2人称の人称代名詞の使い分け

親称 du 君, ihr 君たち／敬称 Sie あなた（がた）
・du, ihr は子供，友人，家族や親戚に対して用いる。
・Sie は大人でさほど親密ではない人に対して用いる。
敬称の場合は格変化をした形でも常に頭文字を大文字にする。
Sie, Ihnen, Ihr, Ihre など

冠詞類の独立用法

定冠詞類と同じ格変化をする代名詞。

確認！

	男性	女性	中性	複数
1格	-r	-e	-s	-e
4格	-n	-e	-s	-e
3格	-m	-r	-m	-n
2格	-s	-r	-s	-r

■der, die, das, die ▶変化表145ページ 通常は文頭に置き、アクセントを置く	定冠詞は単独で**指示代名詞**として用いられる。 ☐ **Das** Bild gefällt mir gut.　この絵がすごく気に入った。 ■ **Welches** meinst du? 　どれのこと？ ☐ **Das** dort rechts in der Ecke.　右の隅にあるあれだよ。 ☐ Siehst du den Typ da?　あそこにいる人が見える？ ■ **Den** kenne ich nicht. Wer ist das? 　あの人のことは知らないな。あれは誰なの？ ☐ Warum ist dein Mann nicht mitgekommen? 　なぜ君の夫は一緒に来なかったの？ ■ Er ist doch krank.　だって彼は病気なのよ。 ☐ Ach so, **das** habe ich nicht gewusst. 　ああ、そうだったの。そのことは知らなかった。
■dieser, diese, dieses, diese 「この」（英語：this）	Welcher Hut gefällt dir? – **Dieser** da. どの帽子が気に入ったの？　　これよ。
■jener, jene, jenes, jene	現代ではあまり使われない。
■jeder, jede, jedes, alle 「毎…」「各…」「誰でも」 （英語：each）	Das kann doch **jeder**!　こんなの誰でもできるよ。 Das wissen doch schon **alle**.　これはもうみんなが知っているよ。
■mancher, manche, manches, manche 「いくつかのこと」「多くのこと」 「幾人かの人」 主に複数形で	Hier muss ich dir noch **manches** erklären. ここで私は君にまだ多くのことを説明しなくてはならない。 **Manche** machen das noch falsch. 多数の人がこれをまだ間違える。
■viele, wenige 「多くの人（もの）」,「少しの」 複数形で	Es waren ziemlich **viele** da. かなり多くの人がいた。

「少しの人（もの）しか…ない」 複数形で	Diesmal sind nur **wenige** gekommen. 今回は少しの人しか来なかった。
■ beide 「両方とも」「両方の人（もの）」 複数形で	□ Kommst du mit **beiden** Kindern oder lässt du deinen Sohn allein zu Hause. 子供を二人ともつれてくる，それとも息子を一人で留守番させる？
	■ Nein, ich bringe **beide** mit. いいえ，私はふたりとも一緒に連れて行くわ。
■ einige 「幾人かの人」「いくつかのもの」「2,3の」 複数形で	□ Kommen in Ihrer Klasse alle pünktlich zum Unterricht? あなたのクラスでは，全員が時間通りに授業に来ますか？
	■ Nein, **einige** kommen immer zu spät. いいえ，2，3人はいつも遅刻します。

違いを考えましょう。

| Wie findest du **die** Vase? その花瓶をどう思う？ (定冠詞) 特定の花瓶について | **Sie** ist sehr schön. とても素敵だわ。 (人称代名詞) アクセントなし | **Die** finde ich sehr schön. これはとても素敵だと思う。 (指示代名詞) アクセントあり |
| Wie findest du **diese** weiße Vase? この白い花瓶をどう思う？ (指示性のある冠詞) 特定のものを指して | **Sie** ist sehr schön. とても素敵だわ。 (人称代名詞) アクセントなし | **Diese** finde ich sehr schön, aber **die** andere nicht. こちらのものはとても素敵だと思うけれど，もう一つの方はそう思わない。 (指示代名詞) アクセントあり，他の花瓶と比較 |

特別な語形変化をする代名詞
■ 定冠詞(類)の格変化語尾

確認！

	男性	女性	中性	複数
1格	-r	-e	-s	-e
4格	-n	-e	-s	-e
3格	-m	-r	-m	-n
2格	-s	-r	-s	-r

このグループの代名詞の格変化語尾は，定冠詞(類)の格変化語尾と同じである。

例
der	die	das	die
einer	eine	eins	welche

■ einer, eine, eins, welche
不特定の「ひとつ」

☐ Das ist aber ein schönes Taschenmesser!
これはなんて素敵な折りたたみナイフなんだ！

■ Ja, ich hätte auch gern so **eins**.
そうだね，私もこういうのを一つ欲しいな。

☐ Hast du Bücher von Goethe? ゲーテの著書は持ってる？

■ Ja, natürlich habe ich welche. Soll ich dir **eins** leihen? うん，もちろんいくつか持っているよ。1冊君に貸そうか？

■否定冠詞の独立用法
keiner, keine, keins, keine

■ Was, du hast wirklich kein Taschenmesser?
なんだって，君はほんとうに折りたたみナイフを持っていないの？

☐ Nein, ich darf mir **keins** kaufen.
持ってないよ。買ってはいけないんだ。

■ Gut, dann schenke ich dir **eins**.
ようし，それなら私が君にひとつプレゼントするよ。

■ irgendeiner, irgendeine, irgendeins, irgendwelche
何か

☐ Hast du **irgendein** deutsches Buch, das du mir leihen könntest?
何か私に貸せそうなドイツ語の本，持ってない？

■ Ja, klar. Was liest du gern?
もちろん持っているよ。何を読むのが好きなの？

☐ Gib mir **irgendeins**, das leicht zu verstehen ist.
なにか，わかりやすいものを貸してちょうだい。

■所有冠詞の独立用法 meiner, meine, meins, meine* (私) のもの *ほかに deiner, seiner, ihrer/Ihrer, uns(e)rer, eurer	□ Gib her, das ist **mein** Ball. こっちへよこせよ、それは私のボールだ。 ■ Nein, das ist nicht **deiner**, das ist **meiner**. いいや、これは君のじゃない、私のだよ。
■不加算名詞の代用 welcher, welche, welches, — いくつか、いくらか	■ Soll ich Milch kaufen? 牛乳を買おうか？ □ Nein, wir haben noch **welche**. いいや、まだいくらかあるよ。 □ Soll ich Bier vom Einkaufen mitbringen? 買い物に行くから、ビールを買ってこようか？ ■ Nein, wir haben noch **welches**. いいや、まだうちにはいくらかあるよ。

■ man		不特定の「人」、一般的な「人」「人々」
1格	man	**Man** macht im Urlaub nur, was man gerne tut. （人は）休暇中には、好きなことだけをするものだ。
4格 (文頭には置かない)	einen	Diese laute Musik kann **einen** ziemlich stören. この騒がしい音楽は（人の）相当な妨げとなりうる。
3格 (文頭には置かない)	einem	Im Urlaub macht man nur, was **einem** gefällt. 休暇中には、気に入ることしかしないものだ。
■ jemand/niemand 誰かある人、誰も…ない		Ist **jemand** da? 誰かいますか？
1格		jemand / niemand Leider hat mir **niemand** geholfen. 残念なことに、誰も私を助けてくれなかった。
4格		jemand[en] / niemand[en] Ja, ich sehe **jemand** dort hinten. はい、あちらの向こうに誰かが見えます。
3格 -en/-em の語尾はあまり 頻繁には用いない。		jemand[em] / niemand[em] Ich leihe **niemand** mein neues Auto. 私は誰にも私の新しい車を貸しはしない。

■ wer
誰か

1格	wer	Achtung, da kommt **wer**. 気をつけて，誰か来る。
4格	wen	Siehst du **wen**? 誰かが見える？
3格	wem	Gib das (irgend) **wem**. Ich brauche es nicht mehr. これは誰かにあげなさい。私はもはやそれを必要としない。

■ viel, wenig
多くのこと，少ししか…ない

1格	viel/vieles	**Viel/Vieles** war mir neu. 多くの事は私の知らないことだった。
	wenig	Ihm hat nur **wenig** in diesem Geschäft gefallen. 彼は，この店では少しのものしか気に入らなかった。
4格	viel/vieles	Ich habe **viel/vieles** nicht verstanden. 私は多くのことを理解できなかった。
	wenig	Ich habe nur **wenig** verstanden. 私は少ししか理解できなかった。
3格	vielem	Er war mit **vielem** nicht einverstanden. 彼は多くのことについて了承していなかった。
	wenigem	Er war nur mit **wenigem** einverstanden. 彼は少しのことしか了承していなかった。

■ alles （単数）
すべてのこと

1格	alles	**Alles**, was er sagte, war interessant. 彼が言ったことすべてが興味深かった。
4格	alles	Ich habe **alles** gesehen. 私はすべてを見た。
3格	allem	Ich bin mit **allem** einverstanden. 私はすべてのことを了承する。

■ etwas
何かあるもの
(英語 something)

■ nichts
何も…ない
(英語 nothing)

■ Haben Sie heute schon **etwas** gegessen?
今日はもう何か召し上がりましたか？（1格）

☐ Nein, noch **nichts**.　いいえ，まだ何も。

1ポイントレッスン

不定代名詞 man は jemand などの具体的な代名詞に置き換えることはできない。

○ Wenn man krank ist, soll man im Bett bleiben.
× Wenn man krank ist, soll jemand im Bett bleiben.
病気の時は，ベッドに寝ていなくてはならない。

疑問詞

■ 疑問代名詞と疑問副詞

warum なぜ	was 何	was für ein どんな
wer 誰	wann いつ	wie どのように　wo どこ
welcher どの	womit 何で	mit wem 誰と
wie viel いくつの	woher どこから	wohin どこへ

質問の内容	疑問詞
理由	□ **Warum** kommst du so spät? どうして来るのがこんなに遅くなったんだい？ ■ Weil ich verschlafen habe. 寝坊したからよ。
時	**Wann** bist du aufgewacht? – Um 11 Uhr. 何時に目が覚めたの？　　　　　11時に。
場所	□ **Woher** kommen Sie?　どちらのご出身ですか？ ■ Aus Argentinien.　アルゼンチンです。 □ **Wo** sind Sie geboren?　生まれはどこですか？ ■ In Buenos Aires.　ブエノスアイレスです。 **Wohin** fahren Sie im Urlaub? – Nach Brasilien. 休暇にはどこへ行きますか？　　　ブラジルへ。
様態	**Wie** geht es Ihnen? – Danke, gut. お元気ですか。　　　ありがとう、元気です。
人（1格）	**Wer** sitzt da in deinem Auto? – Das ist mein Bruder. 君の車の中に座っているのは誰？　　それは私の弟だよ。
事物（1格）	**Was** hat dir am besten geschmeckt? – Die Suppe. 君は何が一番おいしかった？　　　　スープ。
人（4格）	□ **Wen** habt ihr gestern Abend getroffen? 昨日、君たちは誰に会ったの？ ■ Meinen Kollegen.　私の同僚。
事物（4格）	□ **Was** habt ihr am Abend gemacht? 君たち、晩には何をしたの？ ■ Wir sind in die Disco gegangen.　ディスコへ行ったのよ。
人（3格）	□ **Wem** hast du dein Fahrrad geliehen? 君の自転車を誰に貸したの？ ■ Meiner Freundin.　私の親友に。

■ Was für ein-...?
　どんな？

☐ Guten Tag, ich hätte gern eine Flasche Wein.
　こんにちは。ワインを1本欲しいのですが。

■ **Was für einen** möchten Sie?
　どのようなものがいいですか？

☐ Einen französischen Rotwein.
　フランスの赤ワイン。

■ Da hätten wir zum Beispiel einen sehr guten Bordeaux oder Beaujolais.
　それなら、例えばとても上質のボルドーかボージョレーがあります。

Welchen möchten Sie gern probieren?
　（限られた中からの選択）どちらを試してみたいですか？

■ Wie viel ...?
　いくつの？

不加算名詞にかかるとき

Wie viel Geld hast du dabei? – Ungefähr 50 Euro.
　いくらのお金を持ち合わせている？　　だいたい50ユーロ。

加算名詞にかかるとき

☐ **Wie viele** Flaschen Wein hast du gekauft?
　ワインを何本買ったの？

■ Drei. 3本。

■前置詞＋疑問詞
　人について

☐ **Über wen** ärgerst du dich denn jetzt schon wieder?
　今度はまた，誰に腹を立てているの？

■ Über meinen Freund. Er hat nie Zeit für mich.
　私のボーイフレンドによ。彼は私のための時間があったためしがないの。

人・物について

☐ **Worüber** ärgerst du dich denn so?
　何についてそんなに腹を立てているの？▶前置詞を伴う動詞74〜83ページ参照

■ Über meine schlechte Note in der Prüfung.
　テストの成績が悪かったことについて。

間接疑問文

直接疑問文 疑問詞を使った疑問文
Was machen Sie heute Abend? 今晩，何をしますか？

間接疑問文 疑問詞が副文を導く。
Darf ich Sie fragen, **was** Sie heute Abend machen?
今晩何をなさるのか，伺ってもいいですか？

直接疑問文 決定疑問文（疑問詞を使わない疑問文）
Gehst du heute Abend mit ins Kino?
今晩，一緒に映画を見に行くかい？

間接疑問文 ob「…かどうか」が副文を導く。
Sie möchte wissen, **ob** ich mit ins Kino gehe.
彼女は，私が一緒に映画に行くかどうかを知りたい。

再帰代名詞

主語と同じものを表す代名詞のことで，一般に「自分（それ）自身の」という意味を持つ。通常は再帰動詞とセットで用いる。

	単数			複数		
1格（まれ）	ich	du	er, sie, es	wir	ihr	sie/Sie
4格	mich	dich	sich	uns	euch	sich
3格	mir	dir	sich	uns	euch	sich

3人称と敬称の Sie の3・4格は単数・複数ともに sich を使い，それ以外は人称代名詞と同じ形である。

sich erholen 休養する
Ich habe **mich** im Urlaub gut **erholt**.
私は休暇中によく休養した。（代名詞＝4格）sich erholen

sich waschen 洗う
Ich **wasche mir** die Hände.
私は手を洗う。（代名詞＝3格）

▶再帰動詞 44～46ページ参照

関係代名詞

■格変化

	男性	女性*	中性	複数
1格	der	die	das	die
4格	den	die	das	die
3格	dem	der	dem	**denen**
2格	**dessen**	**deren**	**dessen**	**deren**

3格複数と2格以外の関係代名詞は，定冠詞と同じ形である。

■用法

名詞，代名詞，文全体を先行詞とした関係文を導き，ある人や事物についてより詳しく述べることができる。

主文＋主文
Das ist mein Freund. Er spielt sehr gut Klavier.
こちらが私のボーイフレンドです。彼はとても上手にピアノを弾きます。

→関係文（主文＋副文）
Das ist *mein Freund*, **der** sehr gut Klavier spielt.
　　　　　先行詞　　　関係代名詞
こちらが，ピアノがとても上手な私のボーイフレンドです。

主文＋主文
Das ist mein Freund. Ich habe ihn im Urlaub kennengelernt.
こちらが私のボーイフレンドです。私は休暇中に彼と知り合いになりました。

→関係文（主文＋副文）
Das ist *mein Freund*, **den** ich im Urlaub kennengelernt habe.
　　　　先行詞　　　関係代名詞
こちらが，私が休暇中に知り合ったボーイフレンドです。

関係代名詞には，先行詞と同じ性（男性／女性／中性）と数（単数／複数）を使う。格は，関係代名詞が含まれる文のなかでどのような役割を持つのかによって決まる。
主語＝1格　目的語＝4格／3格　2格の付加語

■名詞を先行詞とする関係文

主語（1格）
Das ist *der Freund*, **der** sehr gut Klavier spielt.
こちらが，ピアノがとても上手な友人です。

4格目的語
Das ist *der Freund*, **den** ich im Urlaub kennengelernt habe.　こちらが，私が休暇中に知り合った友人です。

3格目的語	Das ist *der Freund*, **dem** ich schon viel von dir erzählt habe.　これが，君にもうたくさん話したことのある友人だ。
2格の付加語	Das ist *der Freund*, **dessen** Foto dir so gut gefallen hat.　これが，君が（その人の）写真をとても気に入った友人だ。
関係文の動詞が前置詞と結びつく	*Der Pianist*, **von dem** ich dir erzählt habe, heißt Antonio Vargas.　（von et³ erzählen） 君に話したピアニストは，アントニオ・ヴェルガスという名前だ。
場所	Das ist *das Haus*, **in dem/wo*** Mozart geboren ist. これが，モーツァルトが生まれた家です。 * in dem の代わりに wo を使うこともできる。wo は場所を表す関係代名詞としての役割を持つ。
先行詞が都市名，国名	Das ist *Salzburg*, **wo** Mozart geboren ist. モーツァルトが生まれたのは，ザルツブルクです。
先行詞が名詞化した形容詞の最上級	Das ist *das Beste*, **was** du machen konntest. これが，君ができた最善のことだ。

■代名詞を先行詞とする関係文

was	das, etwas, nichts, alles, vieles などを先行詞とするとき。 Er sagte mir *alles*, **was** er wusste. 彼は，知っていたことを私にすべて話した。
関係文の動詞が前置詞と結びつく	Es gibt *vieles*, **wofür** ich mich interessiere. （wofür ←für was）　私が興味を引かれることはたくさんある。
der	jemand, niemand, einer, keiner を先行詞とするとき。 Vor der Tür steht *jemand*, **der** dich sprechen will. ドアの前に，君と話したいと言う誰かが立っている。
関係文の動詞が前置詞と結びつく	Es gibt hier *niemand*, **auf den** ich mich wirklich verlassen kann.　（sich auf 人⁴ verlassen） ここには，私がほんとうに信頼できる人はひとりもいない。

■文全体を先行詞とする関係文

前の文全体を受けるときは was を使う。
Endlich hat er mein Auto repariert, **was** ich mir seit langem gewünscht habe.
彼は，私がもう長いこと望んでいたことである車の修理をやっと行った。

関係文の動詞が前置詞と結びつく	Endlich hat er mein Auto repariert, **worauf** ich schon lange gewartet habe. (auf et⁴ warten) 彼は、私がもう長いこと待っていたことである車の修理をやっと行った。 関係文はふつう，できるだけ先行詞のすぐ後ろに置く。ただし関係文が長くなる場合や，関係文の後ろに1, 2語しかないような場合は，まずは主文を終わらせてから関係文を持ってくる。 Gestern habe ich endlich <u>Gabis neuen Freund</u>, **von dem** sie mir schon so viel erzählt hat, *getroffen*. Gestern habe ich endlich <u>Gabis neuen Freund</u> getroffen, **von dem** sie mir schon so viel erzählt hat. 昨日私はやっと、彼女（ガービ）がすでにたくさんのことを私に話した、ガービの新しいボーイフレンドに会った。
es	1) 中性の1・4格の代名詞（esは省略不可） 2) 動詞の形式上の補足語（esは省略不可） 3) 文頭に置く形式上の主語（esは省略可能）
中性名詞の代名詞として （esは省略不可） 1格	☐ Wo ist mein Wörterbuch? 私の辞書はどこ？ ■ **Es** liegt doch dort auf dem Tisch.* 机の上にあるでしょう。
4格	文頭に置くことはできない。 Ich sehe **es** auch nicht.* 私も見つけられないわ。
未知の事柄についての質問	☐ Wer ist der Mann? あの男の人は誰？ ■ Ich weiß nicht, wer das ist. 誰だか私は知らないわ。
副文の代用として 副文の先行詞として	■ Ich weiß **es** nicht.* 知らないわ。 ☐ Mir gefällt **es** nicht, wenn du immer zu spät zum Essen kommst. 君がいつも食事に遅れてくるのが気に入らない。

*esの代わりにdasを用いることもできる。ただしdasは必ず文頭に置く。
Das liegt doch dort auf dem Tisch. それはそこの机の上にあるじゃないの。
Das sehe ich auch nicht. 私も見つけられない。
Das weiß ich nicht. そのことは私は知らない。

動詞の形式上の補足語 （主語/目的語） （省略不可のes）		
天気	**Es** regnet. 雨が降っている。	
物音	**Es** klingelt. （玄関の）ベルが鳴る。	
一日の時間帯・季節	**Es** ist spät. もう遅い時間だ。	
	Es wird Abend. 晩になる。	
	Es wird Winter. 冬になる。	
健康状態	**Es** geht mir gut. 私は調子が良い。	
感覚	**Es** ist mir kalt. 私は寒気がする。	
	Es gefällt mir. 私の気に入る。	
	Es schmeckt mir. おいしい。	
	Es tut weh. 痛い。	
非人称の表現	**Es** gibt et^4 （4格のもの）がある	
	Es ist notwendig ... …が必要である	
	Es ist verboten ... …は禁止されている	
	Es ist möglich ... …ということがありうる	
	Es tut mir leid ... …が残念である	
慣用表現 （非人称の目的語として） （省略不可）	Ich habe **es** eilig.** 私は急いでいる。 Du machst **es** dir leicht.** 君は容易にやってのける。 Ich finde **es** hier schön.** 私はこの場所は素敵だと思う。 **Es** handelt sich um ... …のことが問題（話題）となっている。 **この場合，esを文頭に置くことはできない。	
文頭の空所充足要素 （省略可能）	意味内容はなく，他の文成分を文頭におくときは省略することができる。 **Es** warten schon die Gäste. 客人たちが既に待っている。 ただし Die Gäste warten schon. としたほうがよい。	

自動詞の受動文　主語のない受動文の形式主語
Es wird hier eine neue Straße gebaut.
ここに新しい道路が建設される。

ただし Hier wird eine neue Straße gebaut. としたほうがよい。

1ポイントレッスン

形容詞を使って「…にとって～である」というとき，「…にとって」を3格で表すことは少なく，ふつうは für + 4格を使う。

これは私にとって興味深い。
○ Das ist interessant für mich.
× Das ist mir interessant.

1 適切な人称代名詞（1格）を空欄に補いなさい。

1. Wo ist Papa? – <u>Er</u> ist im Wohnzimmer.
2. Wo sind die Kinder? – ____ spielen in ihrem Zimmer.
3. Was macht Oma? – ____ kocht.
4. Dieses Kleid ist mir zu teuer. ____ kostet 149,– Euro.
5. Kommst du morgen auch zur Party? – Nein, ____ kann leider nicht.
6. Und was macht ihr am Wochenende? – ____ wissen es noch nicht.
7. Wann kommt sie denn endlich?
   – ____ weißt doch, ____ kommt immer zu spät.
8. Kinder, ____ sollt doch nicht so laut sein. Opa will schlafen.

2 疑問文を作り，人称代名詞の4格を使った答えの文も作りなさい。

| *e* Tasche | *s* Geld | *r* Kalender | *s* Buch | Schuhe(複数) |
| *r* Mantel | Schlüssel(複数) | *e* Brille | *s* Adressbuch | Hunde(複数) | Antonia |

Wo ist denn meine Brille?　　Ich finde sie nicht.

3 適切な人称代名詞（3格）を空欄に補いなさい。

1. Kannst du ____ bitte ein Glas aus der Küche mitbringen?
2. Wir haben schon verstanden. Mehr brauchst du ____ nicht zu erklären.
3. Wie geht es ____ ? Habt ihr immer noch so viel zu tun?
4. Du hast ____ wirklich viel geholfen. Ich weiß gar nicht, wie ich ____ dafür danken kann.
5. Sie hat heute Geburtstag. Hast du ____ schon gratuliert?
6. Möchtest du wirklich nicht kommen? Überleg es ____ doch noch einmal.

4 適切な人称代名詞（4格）を空欄に補いなさい。

1. ☐ Ist Ingrid schon zu Hause?
   ■ Ich weiß nicht, ich habe _____ noch nicht gesehen.
2. ☐ Haben Sie schon mit Herrn Müller gesprochen?
   ■ Nein, ich habe _____ noch nicht getroffen.
3. ☐ Wie geht es deiner Mutter? Ist sie immer noch krank?
   ■ Ich weiß nicht, ich habe _____ heute noch nicht angerufen.
4. ☐ Wo ist mein Wörterbuch. Hast du _____ gesehen?
   ■ Nein.
5. ☐ Geben Sie mir doch mal bitte den Terminkalender.
   ■ Wo ist er? Ich finde _____ nicht.

1ポイントレッスン

viel か wenig を不可算名詞の前に置く場合，変化語尾はつけない。
○ Auf Kyushu gibt es viel（× viele）Natur.
九州には多くの自然がある。
○ Sie trinkt wenig（× wenigen）Wein.
彼女はワインを少ししか飲まない。

5 適切な人称代名詞を空欄に補いなさい。
ヒント　(N)は1格，(A)は4格，(D)は3格を示している。

Sehr geehrte Frau Bremer, sehr geehrter Herr Bremer,

wie geht es _Ihnen_ (D)? Wohin sind _____ (N) nach Ihrem Besuch bei _____(D) noch gefahren? Hatten _____(N) noch eine schöne Zeit in Portugal?
Ich habe mich sehr gefreut, _____(A) nach so langer Zeit wiederzusehen und ein paar Tage mit _____(D) in unserem Haus am Meer zu verbringen.
Es war eine sehr schöne Zeit, und ich denke noch oft daran.
_____(D) geht es gut. _____ (N) bin nach dem Urlaub wieder nach Lissabon zurückgekehrt und habe leider zur Zeit viel Arbeit. Aber ich hoffe sehr, dass ich bald einmal Zeit habe, _____ (A) in Düsseldorf zu besuchen.

Herzliche Grüße　　　　　Mariana

6 短い対話を作りなさい。

| *s* Gasthaus | *r* Bahnhof | *e* Bäckerei | *s* Kino | *r* Kinderspielplatz |
| *e* Bank | *s* Hotel | *e* Kirche | *r* Arzt | *r* Strand |

☐ Entschuldigen Sie bitte, gibt es hier in diesem Dorf ein Hotel?
■ Ja, hier gibt es eins.　　　　◇ Nein, hier gibt es keins.

7 答えの文を完成させなさい。

1. Ist das Peters Kassette (*f.*)? – Ja, das ist _seine_ .
2. Ist das Elisabeths Mantel (*m.*)? – Nein, das ist m_____ .
3. Ist das rote hier euer Auto (*n.*)? – Ja, das ist _____ .
4. Ist das Ihre CD (*f.*)? – Nein, das ist s_____ .
5. Ist das deine Brieftasche (*f.*)? – Ja, das ist _____ .
6. Ist das Theos Fahrrad (*n.*)? – Nein, das ist m_____ .
7. Ist das dein Bleistift (*m.*)? – Ja, das ist _____ .
8. Ist das Katharinas und Angelas Spielzeug (*n.*)? – Ja, das ist _____ .

8 空欄を補いなさい。

| einer | eine | eins | welche | keiner | keine | keins | keine |

1. ☐ Ich brauche schnell einen Stift.
   ■ Dort drüben liegt doch _einer_ .
2. ☐ Möchtest du ein Eis?
   ■ Nein danke, jetzt möchte ich _____ , ich habe vorhin erst _____ gegessen.
3. ☐ Was suchen Sie denn?
   ■ Ein Glas. Ich hatte schon _____ , aber ich weiß nicht mehr, wo es ist.
   ☐ Kein Problem, dort hinten stehen noch _____ .
4. ☐ Das ist aber ein toller Pullover. So _____ hätte ich auch gern.
   ■ Dann kauf dir doch auch _____ , es gibt noch _____ .
5. ☐ Wo sind denn die Zitronen?
   ■ Ich habe _____ gekauft.
   ☐ Aber warum denn nicht?
   ■ Es gab _____ mehr.

9 空欄を補いなさい。

| man irgendeiner jemand niemand jeder wer |

1. Bitte stell das Telefon leise. Ich möchte jetzt schlafen und mit _____ sprechen.
2. Das ist nicht so schlimm. Das kann doch _____ mal passieren!
3. Könnte mir bitte _____ von euch kurz helfen? Ich muss diese Bücher hier in die Bibliothek bringen.
4. _____ nichts hat, dem kann _____ auch nichts nehmen. (Sprichwort)
5. _____ braucht nicht immer alles so zu machen wie die anderen.
6. Ach, da sind Sie ja, gerade hat _____ für Sie angerufen. Ich habe den Namen hier aufgeschrieben.
7. Tut uns leid, aber heute hat _____ von uns Zeit zur Firma Hellwig zu fahren.
   – Das gibt es doch nicht, _____ von Ihnen wird doch wohl eine halbe Stunde Zeit haben!
8. Die Reifen am Auto wechseln? Das ist doch kein Problem, das kann doch _____ ! Und _____ das nicht kann, muss eben dafür bezahlen.
9. Weiß _____ von Ihnen, wie spät es ist?
10. Dieser ewige Regen macht _____ ganz schön depressiv.

10 適切な語尾を補いなさい。

1. ☐ Wohnst du schon lange hier in dies___ Stadt?
   ■ Ja, seit mein___ Kindheit. Ich kenne hier jed___ Straße, jed___ Haus und natürlich all___ Leute, die in unser___ Haus leben. Einig___ von ihnen habe ich allerdings lange nicht mehr gesehen.
2. ☐ Welcher Pullover gefällt Ihnen besser? Dies___ rote oder d___ blaue dort?
   ■ Ich finde beid___ nicht schön. Schauen Sie doch mal, wie gefällt Ihnen dies___ hier?
3. ☐ Magst du die Musik von Phil Collins?
   ■ Manch___ Stücke finde ich ganz gut, aber nicht all___ .
   ☐ Welche gefallen dir denn nicht?
   ■ Dies___ langsamen finde ich schrecklich langweilig.
4. ☐ Frau Rautmann ist doch wirklich super! Sie hilft all___ Studenten und ist immer so freundlich.
   ■ Ja, das stimmt wirklich. Und dabei können einig___ von ihnen ganz schön nerven! Aber sie behält immer die Ruhe.
5. ☐ Warum ziehst du denn immer dies___ hässliche Jacke an?
   ■ Ich habe sonst kein___ .
6. ☐ Dann kauf dir doch mal ein___ neue. Gefällt sie denn dein___ Freundin?
   ■ Ja, sie findet sie auch toll.

11 空欄を補いなさい。

| etwas | nichts | viel | wenig | alles | viele | wenige |

1. Ich kann leider keine großen Reisen machen. Ich verdiene nur _____ .
2. Du denkst immer, dass du _____ besser weißt.
3. Kannst du mir etwas über Goethe erzählen? Du weißt doch _____ über ihn.
4. Heute haben _____ Leute ein Auto.
5. Sie möchte wirklich Deutsch lernen, aber leider hat sie so _____ Zeit.
6. Ich weiß nicht, was er macht. Ich habe lange _____ von ihm gehört.
7. Was, mit nur so _____ Gepäck willst du vier Wochen in Urlaub fahren? Das reicht nie!
8. Ich habe Ihnen schon _____ gesagt, was ich weiß.
9. Ich habe in meiner Schulzeit schon Deutsch gelernt. Aber leider habe ich _____ vergessen und muss es jetzt noch einmal lernen.
10. Haben Sie _____ verstanden? – Nein, nicht sehr _____ .

12 空欄に適当な疑問詞を入れなさい。

1. _____ sind Sie heute früh aufgestanden? – Um sechs Uhr.
2. _____ hast du Frau Berger nicht gegrüßt?
   – Weil ich sie nicht gesehen habe.
3. _____ hast du morgen zum Abendessen eingeladen? – Julia.
4. _____ haben Sie Deutsch gelernt? – In der Schule.
5. _____ hat Ihnen der Film gefallen? – Sehr gut.
6. _____ Stadt hat Ihnen besser gefallen, Hamburg oder Berlin?
   – Berlin.
7. _____ hast du dein Auto geliehen? – Meinem Freund.
8. _____ hat denn gerade angerufen? – Mein Bruder.

13 空欄を補いなさい。

| welcher | welche | welches | was für ein | was für welche |

1. ☐ _____ Fahrrad haben Sie sich denn gekauft?
   ■ Ein Mountainbike.
2. ☐ _____ Eis magst du lieber? Deutsches oder italienisches?
   ■ Italienisches.
3. ☐ _____ deutsche Oper gefällt dir am besten?
   ■ Die Zauberflöte.
4. ☐ _____ Computer soll ich mir denn kaufen?
   ■ Da kann ich dir leider nicht helfen. Ich habe nicht viel Ahnung von Computern.

14 例にならって疑問文を作りなさい。

1. Ich fahre morgen nach XY.　　Wohin fahren Sie morgen?
2. Die Gäste kommen um XY Uhr.
3. Meine Freundin wohnt in XY.
4. Ich möchte lieber XY.
5. Ich denke immer noch oft an XY.
6. XY kommt uns am Wochenende besuchen.
7. Gestern habe ich XY getroffen.
8. Ich heiße XY.
9. Wir haben XY ein lustiges Buch geschenkt.
10. Mein Mann interessiert sich gar nicht für XY.

15 例にならって関係文を作り，文章を完成させなさい。

Elena sucht einen Mann, …
1. groß – ist – schlank – der – und   … der groß und schlank ist.
2. tanzen – dem – sie – oft – gehen – mit – kann
3. sie – den – kann – bewundern
4. Charakter – gefällt – dessen – ihr
5. sie – Spaß – mit – machen – dem – kann – viel
6. gern – macht – der – Sport

16 適切な関係代名詞を補いなさい。

1. Wer ist der Mann, _____ du gestern getroffen hast?
   _____ dort hinten steht?
   _____ du so lange Briefe schreibst?
2. Wer ist die Frau, _____ du gestern getroffen hast?
   _____ dort hinten steht?
   _____ du so lange Briefe schreibst?
3. Was sind das für Leute, _____ du gestern getroffen hast?
   _____ dort hinten stehen?
   _____ du so lange Briefe schreibst?

17 （　）内の語句を使って，説明文を作りなさい。

1. Tennisschuhe (Schuhe, zum Tennisspielen anziehen)
   Das sind Schuhe, die man zum Tennisspielen anzieht.
2. Meerestier (Tier, im Meer leben)
3. Wochenzeitung (Zeitung, einmal pro Woche erscheinen)
4. Sprachschule (Schule, Sprachen lernen)
5. Spielcasino (Haus, Leute spielen Roulette)

18 前置詞と結びつく動詞を使った関係文を完成させなさい。

1. Die Frau, _____ ich mich im Urlaub so verliebt habe, hat mich gestern angerufen. (sich verlieben in +4格)
2. Das ist etwas, _____ ich mich auch sehr interessiere. (sich interessieren für +4格)
3. Die Arbeiter haben eine Lohnerhöhung bekommen, _____ sie lange gekämpft haben. (kämpfen für +4格)
4. Leider hat mich niemand im Krankenhaus besucht, _____ ich mich sehr geärgert habe. (sich ärgern über +4格)
5. Letzte Woche ist meine kranke Nachbarin gestorben, _____ ich mich in den letzten Monaten viel gekümmert habe. (sich kümmern um +4格)
6. Zum Glück hat er die Hausschlüssel mitgenommen, _____ ich nicht gedacht habe. (denken an +4格)
7. Die neue Lektion, _____ wir heute im Unterricht begonnen haben, ist sehr interessant. (beginnen mit +3格)
8. Gibt es denn nichts, _____ du dich freust? (sich freuen über +4格)

19 2格の関係代名詞を補いなさい。

1. Eine Frau/Ein Kind/Ein Mann, …
   … _____ Namen ich leider vergessen habe, hat gestern angerufen.
2. Ein Freund/Eine Freundin, …
   … _____ Fahrrad kaputt war, wollte sich meins leihen.
3. Eine Blume/ein Baum/ein Busch, …
   … _____ Blätter plötzlich braun werden, ist krank.

20 適切な関係代名詞を補いなさい。

1. Ich möchte nur in Wohnungen wohnen, ____ einen großen Balkon haben.
   ____ Fußböden aus Holz sind.
   ____ ich Trompete spielen darf.
   ____ im Stadtzentrum liegen.
2. Ich mache einiges, ____ mein Chef besser nicht wissen sollte.
   ____ sich meine Eltern ärgern.
   ____ ich mich früher nie interessiert hätte.
   ____ schlecht für meine Gesundheit ist.
3. Rom ist eine Stadt, ____ mir sehr gefällt.
   ____ es viele alte Kirchen gibt.
   ____ ich gern mal wieder fahren würde.
   ____ man sehr gut leben kann.
4. Meine Tochter hat ihr Examen bestanden, ____ ich nie erwartet hätte.
   ____ ich mich sehr gefreut habe.
   ____ sie viel gelernt hat.
   ____ sie sehr glücklich gemacht hat.
5. Johannes ist jemand, ____ immer zu viel Geld ausgibt.
   ____ ich mich oft ärgere.
   ____ man nicht vertrauen kann.
   ____ mit den Frauen spielt.

21 適切な関係代名詞を補いなさい。

1. Ich möchte in einer Stadt wohnen, _____ es viele gute Cafés gibt.
2. Das ist das Dümmste, _____ ich je gehört habe.
3. Kinder, _____ Eltern berufstätig sind, werden meist früher selbständig.
4. Das ist genau das, _____ ich auch sagen wollte.
5. Ich mag keine Leute, _____ nicht zuhören können.
6. Hier ist ein Foto von Torremolinos, _____ wir immer Urlaub machen.
7. Das ist alles, _____ ich Ihnen zu diesem Thema sagen kann.
8. Wie heißt der Autor, _____ neues Buch du so gut fandest?
9. Gestern hat mich mein Chef im Krankenhaus besucht, _____ ich nie erwartet hätte.
10. Hast du Freunde, _____ du dich wirklich verlassen kannst?
11. Paris, _____ ich komme, ist für mich die schönste Stadt der Welt.
12. Ich kann nicht mit Frauen zusammen sein, _____ Parfüm mir nicht gefällt.

22 必要な場合には空欄にesを補いなさい。

1. __Es__ ist mir klar, dass ich noch viel lernen muss.
2. Mir ist _____ klar, dass ich noch viel lernen muss.
3. In diesem Restaurant wird _____ sehr gut gekocht.
4. Komm, wir gehen nach Hause. _____ wird bald dunkel.
5. Wohin hast du mein Buch getan?
   – Schau doch, dort auf dem Stuhl liegt _____ .
6. Heute Abend wird _____ im Fernsehen ein interessanter Film gezeigt.
7. Wir brauchen noch Stühle. _____ kommen sicher viele Leute.
8. _____ ist wichtig, dass wir uns gesund ernähren.
9. Morgen regnet _____ sicher.
10. Hat er das Paket schon zur Post gebracht? – Ich weiß _____ nicht.
11. Hast du gestern Abend das Fußballspiel gesehen?
    – Nein, ich konnte _____ leider nicht sehen, weil unser Fernseher kaputt ist.
12. _____ tut mir leid, dass ich Sie gestört habe.

23 文を完成させなさい。es が必要かどうかに注意しましょう。

1. notwendig – ist /früh – wir – aufstehen – dass – morgen
   Es ist notwendig, dass wir morgen früh aufstehen.
2. spät – ist – schon
3. dem Kranken – gut – wieder – geht – zum Glück
4. er – eilig – immer – hat – leider
5. mir – nicht – gefällt / so viel – wenn – fernsehen – du

3・1 前置詞　Präpositionen

前置詞は，名詞・代名詞・副詞の前に置いて，文の成分どうしの関係を表す。

名詞の前	Ich fahre **nach** Deutschland. 私はドイツへ行く。
代名詞の前	Ich komme später **zu** dir. 後で君のところへ行くよ。
副詞の前	Gehen Sie bitte **nach** rechts. 右へ行ってください。

名詞や代名詞の前にも後にも置くことができるものもある。

entlang …に沿って　　gegenüber …の向かい側に
nach …の後に

前置詞の格支配　前置詞はそれぞれ決まった格と結びつく。3格と共に用いる前置詞を3格支配の前置詞，4格と共に用いる前置詞を4格支配の前置詞，2格と共に用いる前置詞を2格支配の前置詞と呼ぶ。

3格支配	4格支配	2格支配
aus …から　bei …のもとで	durch …を通って	während* …の間に
mit …とともに	für …のために	wegen* …のせいで
nach …の後で，…の方へ	gegen …に対して	[an]statt* …の代わりに
seit …以来	ohne …なしで	trotz* …にもかかわらず
von …から，…の	um …の周りに	
zu …のところに　ab …から		außerhalb …の外で
	entlang	innerhalb …の中で
gegenüber …の向かい側に	（名詞の後ろに置く）…に沿って	*日常会話では通常，3格支配

■ 3・4格支配の前置詞

an …のきわで・へ	in …の中で・へ	unter …の下で・へ
auf …の上で・へ	neben …の横で・へ	vor …の前で・へ
hinter …の後ろで・へ	über …の上方で・へ	zwischen …の間で・へ

空間的用法	これら9つの前置詞は，3格支配と4格支配の用法があり，次のように使い分ける。 場所や方向を表す3・4格支配の前置詞 場所を表す場合　　→　　3格支配 移動の方向を表す場合　→　　4格支配
時間的用法	3・4格支配の前置詞が時間を表す場合は，3格支配のみである。
融合形	定冠詞が「その」と指し示す意味合いが弱い場合，定冠詞と融合する前置詞がある。
an + dem → am	**Das Rathaus liegt am Marktplatz.** 市庁舎はマルクト広場に面している。
an + das → ans	**Wir fahren ans Meer.** 私たちは海へ行く。
bei + dem → beim	**Ich habe mich beim Skifahren verletzt.** 私はスキーをしていた際に怪我をした。
in + das → ins	**Ich gehe jetzt ins Kino.** 私は今から，映画館へ行く。
in + dem → im	**Im letzten Sommer war es hier sehr heiß.** 去年の夏，ここではとても暑かった。
von + dem → vom	**Ich habe das vom Chef gehört.** 私はそれを上司から聞いた。
zu + der → zur	**Ich gehe jetzt zur Schule.** 私は今，学校へ行く。
zu + dem → zum	**Ich gehe jetzt zum Supermarkt.** 私は今，スーパーへ行く。
■ 融合形を用いない例	**Ich gehe jetzt in das Kino, das du mir empfohlen hast.** 私は今から，君が勧めた映画館へ行くところだ。 特定の映画館のことを指しており，定冠詞の指示性が強い。したがって融合形 ins は用いない。

場所を表す前置詞（前置詞の空間的用法）

出所・出身	**Woher** komme ich? 私はどこから来たのか？
現在の居場所	**Wo** bin ich? 私はどこにいるのか？
移動の方向，行き先	**Wohin** gehe ich? 私はどこへ行くか？

	出所·出身 woher? どこから？	現在の場所 wo? どこで？	方向 wohin? どこへ？
	aus, von	an, auf, in, bei	an, auf, in, nach, zu
①	aus ←→	in + 3格	nach
②	aus ←→	in + 3格	in + 4格
③	von	auf + 3格	auf + 4格
④	von	an + 3格	an + 4格
⑤	von	an + 3格	zu
⑥	aus	in	zu
⑦	von	bei	zu

「…から」（空間的用法）の aus と von の使い分け

aus は「ある空間から外に出る」ことを，von は「ある地点からの移動」を表します。

in（…の中へ）が使える場所や空間には，aus も使うことができます。
Ich lege das Buch **ins** Regal.　私は本を本棚に入れる。
Ich nehme das Buch **aus dem** Regal.　私は本棚から本を取り出す。

in を使うことができない場合，von を用いることができます。
Ich gehe **an** den/zum Strand.　私は浜辺へ行く。
Ich komme gerade **vom** Strand.　私は今ちょうど，浜辺から来た。

1ポイントレッスン

「移動の方向」を表す nach と in の使い分け

nach＋都市名／国名（中性名詞）／大陸名

●都市名　　**nach** Berlin ベルリンへ　　**nach** Tokio 東京へ

●中性名詞の国　　**nach** Deutschland ドイツへ　　**nach** Japan 日本へ

国名の大半は中性名詞で，ふつうは冠詞をつけません。ただし女性名詞，男性名詞，複数名詞の国名には定冠詞をつけ，その国への移動を表すときは in を使います。

女性名詞　　die Schweiz スイス　die Türkei トルコ　die Mongolei モンゴル
　　　　　　Er fährt **in die** Schweiz.　彼はスイスへ行く。

男性名詞　　der Iran イラン　der Irak イラク　der Senegal セネガル
　　　　　　Wir fahren **in den** Irak.　私たちはイラクへ行く。

複数名詞　　die USA (= die Vereinigten Staaten) アメリカ
　　　　　　Er möchte **in die** USA fliegen.　彼はアメリカへ行きたい。

　　　　　　多くの場合，in か zu を使って移動の方向を表します。

＊「私は家に帰る。」は Ich gehe **nach** Hause. です。

1ポイントレッスン

場所と移動の方向を表す前置詞	**Wo** sind Sie? あなたはどこにいますか？	**Wohin** gehen/fahren Sie? あなたはどこへ行くのですか？
	場所	移動の方向
	in ＋ 3格	**nach**
① 都市名	Ich wohne **in** Rom. 私はローマに住んでいる。	Ich fahre **nach** Rom. 私はローマへ行く。
（無冠詞の）国名	Ich wohne **in** Italien. 私はイタリアに住んでいる。	Ich fahre **nach** Italien. 私はイタリアへ行く。

		in ＋ 3格	**in ＋ 4格**
②	建物	Ich bin gerade **im** Büro. 私はちょうど今，オフィスにいる。	Ich gehe jetzt **ins** Büro. 私は今からオフィスへ行く。
	地方，山地	Ich wohne **im** Schwarzwald. 私はシュヴァルツヴァルトに住んでいる。	Ich fahre **in** den Schwarzwald. 私はシュヴァルツヴァルトへ行く。
	（冠詞がつく）国名	Ich wohne **in** der Schweiz. 私はスイスに住んでいる。	Ich fahre **in** die Schweiz. 私はスイスへ行く。
	通り	Ich wohne **in** der Maistraße. 私はマイ通りに住んでいる。	Ich gehe **in** die Maistraße. 私はマイ通りに行く。

		auf ＋ 3格	**auf ＋ 4格**
③	場所	Die Suppe steht **auf** dem Tisch. スープはテーブルの上にある。	Ich stelle die Suppe **auf** den Tisch. 私はスープをテーブルの上に置く。
	山	Ich war heute **auf** der Zugspitze. 私は今日，ツークシュピッツェ山上にいた。	Ich gehe morgen **auf** die Zugspitze. 私は明日，ツークシュピッツェに登る。
	群島	Wir waren **auf** den Malediven. 私たちはモルジブ諸島にいた。	Wir fahren **auf** die Malediven. 私たちはモルジブ諸島へ行く。
	島	Wir waren **auf** Kreta. 私たちはクレタ島にいた。	Wir fahren **auf**/nach Kreta. 私たちはクレタ島へ行く。

		an ＋ 3格	**an ＋ 4格**
④	海，川，湖	Ich mache Urlaub **am** Mittelmeer. 私は地中海で休暇を過ごす。	Ich fahre **ans** Mittelmeer. 私は地中海へ行く。
	浜，岸	Ich war heute lange **am** Strand. 私は今日，長時間浜辺にいた。	Ich gehe **an** den/zum Strand. 私は浜辺へ行く。

		an + 3格	**zu**
⑤	場所の名前	Ich bin gerade **am** Marktplatz. 私はちょうど今，マルクト広場にいる。	Ich gehe jetzt **zum** Marktplatz. 私は今，マルクト広場へ行く。

		in + 3格	**zu**
⑥	店	Ich bin gerade **in der** Apotheke. 私はちょうど今，薬局にいる。	Ich gehe jetzt **zur** Apotheke. 私は今，薬局へ行く。
	銀行，郵便局	Ich bin gerade **in/auf** der Post. 私はちょうど今，郵便局にいる。	Ich gehe **zur/auf** die Post. 私は郵便局へ行く。

		bei	**zu**
⑦	人	Ich war gerade **beim** Chef. 私はちょうど，上司のところにいた。	Ich gehe jetzt **zum** Chef. 私は今から上司のところに行く。
	注意	Ich bin gerade **zu** Hause. 私はちょうど今，家にいる。	Ich gehe jetzt **nach** Hause. 私は今から家へ帰る。

an	何かのふち，ある場所や物に接触している場合
nach	都市名・国名・大陸名
zu	方向，行き先

3・4格支配の前置詞 空間的用法

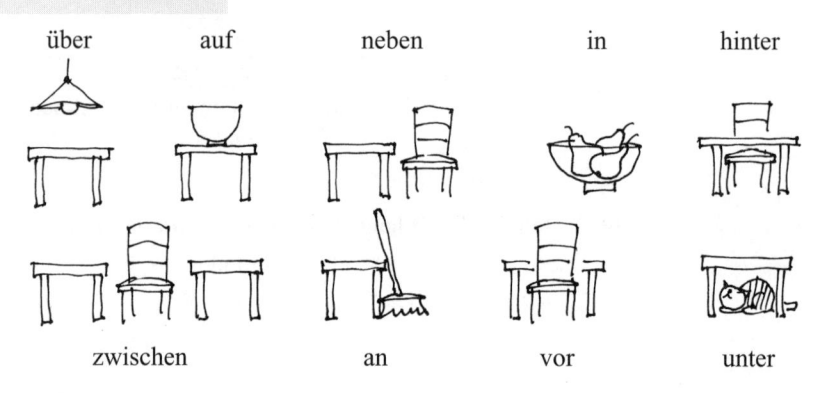

über　　　auf　　　neben　　　in　　　hinter

zwischen　　　an　　　vor　　　unter

動詞といっしょに用いる場合

setzen 置く，据え付ける / **sitzen** 座っている
stellen 縦長のものを置く / **stehen** ある
legen 横長のもの，平べったいものを置く / **liegen** 置いてある
hängen つるす / **hängen** つってある

場所や移動の方向を表す3・4格支配の前置詞とともに用いられることが多い。それぞれの動詞はよく似ているが，使い方をしっかりと区別しよう。

4格支配 → 規則動詞
動作，場所の移動

wohin?

(sich) setzen - setzte - hat gesetzt

Ich setze mich **auf das** Sofa. 私はソファーに座る。

(sich) stellen - stellte - hat gestellt

Ich stelle das Glas **auf den** Tisch.
私はグラスをテーブルの上に置く。

(sich) legen - legte - hat gelegt

Ich lege mich jetzt **ins** Bett. 私は今，ベッドに横になる。

hängen - hängte - hat gehängt

Ich hänge die Lampe **über den** Esstisch.
私はランプを食卓の上につるす。

3格支配 → 不規則動詞
行動の結果，静止状態

wo?

sitzen - saß - ist/hat gesessen

Ich sitze **auf dem** Sofa. 私はソファー（の上）に座っている。

stehen - stand - ist/hat gestanden

Das Glas steht **auf dem** Tisch. グラスはテーブルの上にある。

liegen - lag - ist/hat gelegen

Ich liege schon **im** Bett. 私はすでにベッドに横になっている。

hängen - hing - ist/hat gehangen

Die Lampe hängt **über dem** Esstisch.
ランプは食卓の上につるしてある。

人を主語にして再帰代名詞とともに使うときは sich setzen（座る），sich stellen（…へ立つ，身を置く），sich legen（横になる）という意味になる。

3-1 前置詞● 169

> **1ポイントレッスン**
>
> **stehen/liegen (ある), stellen/legen (置く) の使い分け**
> - stehen, stellen は，縦長のものや足や車輪があるもの
>   車は車輪があるので
>   Das Auto steht auf der Straße. その車は路上にある。
> - liegen/legen は，横長のものや平べったいものを置くとき
>   Das Buch liegt auf dem Tisch. その本はテーブルの上にある。
>
>   ただし der Teller（皿）は平べったくても，底に「高台」があるので stehen / stellen を使います。

空間的用法の前置詞

■3格支配

ab	出発地点	Ich fliege **ab** Frankfurt mit Lufthansa. 私はフランクフルトからルフトハンザ機で飛ぶ。
aus	ある空間からの移動	Sie geht **aus** dem Haus. 彼女は家の外へ出る。
	出身	Sie kommt **aus** Deutschland. 彼女はドイツの出身です。
bei	近くの場所	Wiesbaden liegt **bei** Frankfurt. ヴィースバーデンはフランクフルト近郊にある。
	人のところ	Ich wohne noch **bei** meinen Eltern. 私はまだ両親のもと（実家）に住んでいる。
	職場	Ich arbeite **bei** Siemens. 私はジーメンス社で働いている。
gegenüber	向かい側	**Gegenüber** der Post gibt es ein Café. 郵便局の向かい側にカフェがある。
		Der Post **gegenüber** gibt es ein Café. 郵便局の向かい側にカフェがある。
	人（名詞の後）	Mir **gegenüber** saß ein netter Mann. 私の向かいに感じの良い男性が座っていた。

nach	無冠詞の地名・国名	Ich fahre morgen **nach** Hamburg. 私は明日、ハンブルクへ行く。 Ich fahre **nach** Holland/Spanien.* 私はオランダ／スペインへ行く。
	冠詞が付く国名の場合	Ich fahre **in** die Schweiz/**in** die Türkei. 私はスイスへ／トルコへ行く。
	方向	Gehen Sie **nach** unten/links/Osten. 下へ／左へ／東へ行ってください。
von	出発地点	Ich komme gerade **vom** Büro/**von** meiner Freundin/**von** unten. 私はちょうどオフィス／ガールフレンドのところ／下から来たところだ。
	2格の代用	Das ist die Kassette **von** meinem Bruder. これは私の兄弟のカセットです。
zu	目的地	Ich fahre jetzt **zu** meinem Freund/**zum** Bahnhof. 私は今から私のボーイフレンド（親友）のところへ／駅へ行く。

1ポイントレッスン

私はヒロコの家に行く
Ich gehe zu Hiroko. ✕ Ich gehe zu Hirokos Haus.
「医者へ行く」など，医者や，お店に行く場合でも同じです。
例：Ich gehe zum Arzt. 私は医者のところへ行く。

■4格支配

bis	最終目的地 （無冠詞）	**Bis** Frankfurt am Main sind es mindestens noch 200 km. フランクフルト・アム・マインまでは少なくともあと200kmあります。
bis zu + 3格	最終目的地（冠詞つきの）	**Bis zum** Strand sind es 5 Minuten. 浜辺までは5分です。
bis an		Geh nicht **bis an den** Rand des Abhangs! 崖のふちまで行かないように！
durch	（何かを通り抜ける動作）	Die Katze springt **durch das** Fenster. 猫が窓を飛び越える。
entlang	…に沿って (名詞の後)	Gehen Sie immer **diese** Straße **entlang**. この通りに沿ってずっと行ってください。
gegen	（何かにぶつかる動き）	Das Auto fuhr **gegen den** Baum. 車は木にぶつかっていった。
um ... (herum)	…の周りに	Die Kinder sitzen **um den** Tisch. 子供たちがテーブルの周りに座っている。 Ich gehe **um das** Haus (**herum**). 私は家の周りをぐるりと歩く。

■3・4格支配の前置詞

an

側面に接触	場所	Das Bild hängt **an der** Wand.　絵は壁に掛かっている。
	移動の方向	Ich hänge das Bild **an die** Wand.　私は絵を壁に掛ける。
縁，へり	場所	Köln liegt **am** Rhein.　ケルンはライン沿岸にある。
	移動の方向	Wir fahren **ans** Meer.　私たちは海へ行く。
位置	場所	Der Tisch steht **an der** Wand. テーブルは壁際にある。
	移動の方向	Ich stelle den Tisch **an die** Wand. 私はテーブルを壁際に置く。

auf

上面に	場所	Die Tasse steht **auf dem** Tisch. カップはテーブルの上にある。
	移動の方向	Ich stelle die Tasse **auf den** Tisch. 私はカップをテーブルの上に置く。

| 郵便局・銀行 | 場所 | Er arbeitet **auf der** Post. 彼は郵便局で働いている。 |
| | 移動の方向 | Ich gehe jetzt **auf die** Bank. 私は今から銀行へ行く。 |

hinter

何かの後ろ	場所	Das Kind versteckt sich **hinter der** Mutter.
		子供は母親の後ろに隠れる。
	移動の方向	Er stellt den Koffer **hinter die** Tür.
		彼は旅行かばんをドアの後ろに置く。

in

何かの中	場所	Ich liege **im** Bett.
		私はベッドに横たわっている。
	移動の方向	Ich lege mich jetzt **ins** Bett. 私は今,ベッドに横になる。
ある空間の中	場所	Die Kinder spielen **im** Garten. 子供たちは公園で遊んでいる。
	移動の方向	Ich gehe jetzt **in den** Garten. 私は今,庭へ行く。
大陸	場所	Wir waren schon **in** Europa.
		私たちはヨーロッパに行ったことがある。
	移動の方向	(nach の用法参照)
国名,地名	場所	Wir waren schon **in** Italien/**in** Rom.
		私たちはイタリアに／ローマに行ったことがある。
	移動の方向	(nach の用法参照)
地域,山地	場所	Wir waren schon **im** Schwarzwald/**im** Gebirge.
		私たちはシュヴァルツヴァルトへ／山へ行ったことがある。
	移動の方向	Wir fahren **in den** Schwarzwald/**ins** Gebirge.
		私たちはシュヴァルツヴァルトへ／山へ行く。

neben

何かの横	場所	Der Schrank steht **neben der** Tür.
		戸棚はドアの横にある。
	移動の方向	Wir stellen den Schrank **neben die** Tür.
		私たちは戸棚をドアの横に置く。

über

何かの上方〈接触しない〉		
	場所	Die Lampe hängt **über dem** Tisch.
		ランプはテーブルの上にぶら下がっている。

| 移動の方向 | Wir hängen die Lampe **über den** Tisch.
私たちはランプをテーブルの上に吊るす。

何かを横切る 場所
移動の方向 | Wir gehen schnell **über die** Straße.
私たちはすばやく通りを横切る。

通過点 場所
移動の方向 | Wir fahren **über** Frankfurt nach München.
私たちはフランクフルト経由でミュンヘンへ行く。

unter

何かの下 場所 | Die Katze liegt **unter der** Bank.
猫はベンチの下に横たわっている。

移動の方向 | Die Katze legt sich **unter die** Bank.
猫はベンチの下に横になる。

人の集団 場所 | **Unter den** Zuhörern wird eine Reise verlost.
聴衆の中から旅行の抽選が行われる。

移動の方向 | Sie verteilen Flugblätter **unter die** Passanten.
彼らは通行人にビラをまく。

vor

何かの前 場所 | **Vor dem** Haus steht ein alter Baum.
家の前に古い木が立っている。

移動の方向 | Wir stellen das Auto **vor die** Garage.
私たちは車をガレージの前に停める。

zwischen

何かの間 場所 | Ich sitze **zwischen den** beiden Kindern.
私はふたりの子供の間に座っている。

移動の方向 | Ich setze mich **zwischen die** beiden Kinder.
私はふたりの子供の間に座る。

■2格支配の前置詞

außerhalb
何かの外 | Ich wohne lieber **außerhalb** der Stadt.
私は郊外に住むほうが好きだ。

innerhalb
何かの中 | Diese Fahrkarte ist nur **innerhalb** der Stadt gültig.
この乗車券は市内でのみ有効だ。

| 時を表す前置詞
（前置詞の時間的用法） | ある時点やかかる時間を表す際に，時を表す前置詞を用いる。 |

■特定の格と結びつく前置詞

3格支配		4格支配		2格支配
ab	nach	bis	gegen	während*
aus	seit	für	um	innerhalb
bei	zu			außerhalb
von (... bis/an)				*話し言葉では通常3格支配

■3・4格支配の前置詞

3格支配の用法のみ		4格支配の用法のみ
an	vor	über
in	zwischen	

場所を表す場合 (wo?) 　　　　　→ 3格支配
移動の方向を表す場合 (wohin?) 　→ 4格支配
時を表す場合　　　　　　　　　→いつも3格支配
　　　　　　　　　　　　　　　　（例外：über）

■時点

an＋3格

曜日

Hoffentlich schneit es **am** Sonntag!
日曜日に雪が降るといいのにな！

日付

J. W. von Goethe ist **am** 28.8.1749 geboren.
J・W・フォン・ゲーテは1749年8月28日に生まれた。

一日の時間帯

Ich gehe **am** Nachmittag ins Schwimmbad.
私は午後にプールへ行く。

例外：**in der** Nacht　夜に

祝日

Wir kommen **an** Weihnachten.
私たちはクリスマスに来ます。

aus＋3格

由来，起源

Dieses Bild ist **aus dem** 18. Jahrhundert.
この絵は18世紀のものである。

gegen＋4格

おおよその時間帯

Wir kommen **gegen** Mittag zurück.
私たちは昼頃に戻ります。

		おおよその時刻	Wir kommen **gegen** 13 Uhr zurück. 私たちは13時ごろに戻ります。
in + 3 格*		週	Ich mache das **in der** nächsten Woche. 私は来週，それをします。
		月	Er besucht mich **im** Mai. 彼は私を 5 月に訪ねてくる。
		季節	Wir fahren **im** Winter nach Teneriffa. 私たちは冬にテネリファ島へ行く。
		世紀	Mozart ist **im** 18. Jahrhundert geboren. モーツァルトは18世紀に生まれた。
		未来の時点	Ich bin **in** fünf Minuten zurück. 私は 5 分後に戻ります。

* 年代は前置詞を使わずに単独で用いるか，**im Jahre** をつけて用いる（古い使い方）。

J. W. von Goethe ist 1749 geboren.

J. W. von Goethe ist **im Jahre** 1749 geboren.

J・W・フォン・ゲーテは1749年に生まれた。

nach + 3 格 何かの後	Kommst du **nach** dem Unterricht zu mir? 授業の後で私のところに来るかい？
um + 4 格 正確な時刻	Der Zug kommt **um** 15.34 Uhr an. 列車は15時34分に到着する。
	おおよその時点	J. W. von Goethe ist so **um** 1750 geboren. J・W・フォン・ゲーテは1750年頃に生まれた。
vor + 3 格　…の前	Gehen wir **vor** dem Abendessen noch spazieren? 夕食の前にまだ散歩をしましょうか。

---

in の使い方

年号を表すときに in はつけません。

○ 2010（× In 2010）fahre ich nach Deutschland.
2010年に私はドイツへ行きます。

未来の「…後に」を表すときは in を使います。

○ In（× Nach）2 Wochen fahre ich nach Freiburg.
2 週間後に私はフライブルクへ行きます。

■継続する行為や事柄

ab ＋3格　…から	Ab heute habe ich Urlaub. 今日から私は休暇だ。
von ＋3格 **an**	Von heute an habe ich Urlaub. 今日から私は休暇だ。
現在から開始	Ab nächster Woche habe ich Urlaub. 来週から私は休暇だ。
未来に開始	Von nächster Woche an habe ich Urlaub. 来週から私は休暇だ。
seit ＋3格　…以来	Meine Mutter ist **seit** Montag zu Besuch.
過去の時点に開始	母が月曜日から訪ねてきている。
von ＋3格 **bis**	Ich habe **vom** 15. **bis** 29.5. Urlaub.
…から…まで	私は5月15日から29日まで休暇です。
開始と終了の時点	
zwischen ＋3格	**Zwischen** dem 2. und 5. April ist das Büro geschlossen. 4月2日から5日まで、事務所は閉まっています。
…の間に	
開始と終了の時点	
in ＋3格　…に	**In** den letzten Jahren war ich oft krank.
継続・開始や終了の時点が不明確	ここ数年間、私はよく病気になった。
bis ＋3格　…まで	Ich habe noch **bis** Sonntag Urlaub.
終わる時点	私は日曜日までまだ休暇中です。
innerhalb ＋2格	Diese Arbeit muss **innerhalb** eines Monats fertig sein.* この仕事は1ヶ月以内に終えていなくてはならない。
innerhalb von ＋3格	Diese Arbeit muss **innerhalb von** einem Monat fertig sein.* この仕事は1ヶ月以内に終えていなくてはならない。
…内に	
終わる時点	
außerhalb＋2格	**Außerhalb** der Bürozeiten können Sie eine Nachricht auf dem Anrufbeantworter hinterlassen. 営業時間外は、留守番電話にメッセージを残すことができます。
…の外に	
継続	
bei ＋3格　…の際は	**Beim** Essen erzählte sie mir von ihrer Reise. 食事の際、彼女は私に、彼女の旅行のことを話した。 (名詞化した動詞と用いられることが多い)
ある時点・継続	
während ＋2格/3格	**Während** des Essens erzählte sie mir von ihrer Reise.
…の間	*食事の間、彼女は私に、彼女の旅行のことを話した。
継続	

zu	…のときに 継続	Zu dieser Zeit war ich in Urlaub. このとき，私は休暇に出ていた。
über +4格	…の間じゅう 継続	Wir fahren **übers** Wochenende weg. 私たちは週末の間じゅう，出掛けています。
– /... **lang**	…の間 現在か過去に継続中 名詞の後	Wir waren im Juli *drei Wochen* in Rom. Wir waren im Juli drei Wochen **lang** in Rom.** 私たちは7月に3週間ローマに滞在した。
– / **für** ...	…の間 未来における継続	Ich bleibe *zwei Jahre* in Deutschland. Ich bleibe **für** zwei Jahre in Deutschland.** 私は2年間ドイツに滞在する。

*書き言葉ではおもに2格を用いるが，話し言葉ではおもに3格を用いる。
**前置詞を省いてもよい。

1ポイントレッスン

ドイツ語を<u>2年間</u>勉強しています
○ Ich lerne **seit** 2 Jahren Deutsch.
× Ich lerne für 2 Jahre Deutsch.

für の時間的用法では，ある行為が終わる時点を表します。
Ich bleibe noch **für** 3 Jahre in Japan, dann möchte ich in Afrika leben.　私はもう3年間日本に留まり，その後はアフリカで生活したい。

様態を表す前置詞

Wie mache ich das?　　→ **やり方，流儀**
Wie ist das?　　　　　→ **特徴，性質**
を表すときは様態を表す前置詞を使う。

3格支配		4格支配
aus	nach	ohne
mit	zu	

■3・4格支配の前置詞

3格支配の用法のみ	4格支配の用法のみ
in	auf

auf + 4格	…語で	Dieser Film ist **auf** Deutsch. この映画はドイツ語版です。
	やり方	Er macht alles **auf** seine Art. 彼はすべてを彼のやり方で行う。
aus + 3格	素材など	Dieser Pullover ist **aus** Baumwolle. このセーターはコットン製です。
in + 3格	状態など	Ich habe jetzt leider keine Zeit. Ich bin **in** Eile. 私は今，残念ながら時間がありません。私は急いでいます。
		Ich habe das nur **im** Spaß gesagt. 私はそれをふざけて言っただけだよ。
mit + 3格	交通手段	Ich fahre **mit** dem Zug nach Dresden. 私は列車でドレスデンへ行きます。
	一緒に	Sie trinkt Tee immer **mit** Milch. 彼女は紅茶をいつもミルクを入れて飲む。
nach + 3格 (名詞の後)		Meiner Meinung **nach** wird es heute noch regnen. 私の考えでは，今日はこのあと雨が降るだろう。
	…に従って	Bitte der Reihe **nach** anstellen. 順番に従って列にお並びください。
ohne + 4格	…なしで	Er macht nichts **ohne** seine Frau. 彼は，彼の妻がいないと何もしない。
zu + 3格	手段など	Ich gehe gern noch ein bisschen **zu** Fuß. 私はもう少し歩いて行きたいです。
		Zum Glück ist sie nicht verletzt. 幸いなことに，彼女は気分を害していない。

理由を表す前置詞

Warum? → 理由，原因

3格支配 aus　bei	2格支配／3格支配 wegen	3格支配の用法のみ vor

■ 3・4格支配の前置詞

aus + 3格　　行動の動機

*意図的な行動の動機となる感情を表す名詞。

Ich helfe ihr **aus** Mitleid/**aus** Freundschaft*.
私は彼女を同情から／友情から助ける。

Er ist sehr krank. **Aus** diesem Grund müsst ihr ihm helfen.
彼はとても具合が悪い。この理由から君たちは彼を助けなくてはならない。

bei + 3格　理由/原因	**Bei** diesem schlechten Wetter gehe ich nicht spazieren.　この悪天候では，私は散歩に行かない。
vor + 3格 　人に影響を及ぼす事柄 *非意図的な行為の起因になる感情や感覚を表す名詞。	Sie zittert **vor** Angst*/**vor** Kälte. 彼女は不安に／寒さに震えている。 Das Kind weint **vor** Schmerzen. 子供は痛くて泣いている。
wegen + 2/3格 　　　　　理由/原因	**Wegen** des schlechten Wetters hat das Fußballspiel nicht stattgefunden. 悪天候のため，サッカーの試合は行われなかった。 **Wegen** dir sind wir zu spät gekommen! 君のせいで，私たちは遅刻した！

理由を表す前置詞句は，weil が導く副文で言い換えることができる。

Ich helfe ihr **aus** Mitleid.　→　Ich helfe ihr, **weil** ich
私は彼女を同情から助ける。　　　　　 Mitleid mit ihr habe.
　　　　　　　　　　　　　　　　　　彼女に同情しているので，私は彼女を助ける。

Sie zittert **vor** Angst.　→　Sie zittert, **weil** sie Angst hat.
彼女は不安で震えている。　　　彼女は不安なので，震えている。

移動のzuとin＋建物，店

- **zu** 　行き先が強調され，その場所には短時間しかいない。
  　　　Ich gehe jetzt **zur** Bäckerei. 　私は今からパン屋へ行く。
- **in** 　その場所に留まる
  　　　Ich gehe heute **ins** Theater. 　私は今日，劇場へ行く。（＝観劇に行く。）

郵便局と銀行は zu でも auf でもどちらでもよい。

- **zu** 　建物や店ならいつでも使うことができる。
  　　　Ich gehe **zur** Bank/Post/Bäckerei.
- **auf** 　郵便局と銀行のみ
  　　　Ich gehe **auf die** Post/Bank.

行き先が広場のときは常に zu
　Ich gehe **zum** Marktplatz. 　私はマルクト広場へ行く。

zuは，行き先に長時間留まらない場合はいつでも使うことができる。

1 前置詞と冠詞を補いなさい。2通りの答えがあるものもあります。

in, an, auf, zu (wohin?) – aus, von (woher?)

Sie geht/fährt …
1. __zur / in die__ Bäckerei (*f.*).
2. _____ Büro (*n.*).
3. _____ Kirchplatz (*m.*).
4. _____ Fichtelgebirge (*n.*).
5. _____ Bank (*f.*).
6. _____ Supermarkt (*m.*) zum Einkaufen.
7. _____ See (*m.*) zum Schwimmen.
8. _____ Kanarischen Inseln (*Pl.*).
9. _____ Blumenstraße (*f.*).
10. _____ Oper (*f.*).

Sie kommt gerade …
__aus der__ Bäckerei.
_____ Büro.
_____ Kirchplatz.
_____ Fichtelgebirge.
_____ Bank.
_____ Supermarkt.
_____ See.
_____ Kanarischen Inseln.
_____ Blumenstraße.
_____ Oper.

2 1で作った文章を過去形に書き換えなさい。

Wo war sie?
1. Sie war in der Bäckerei. …

3 空欄にinかnachを補いなさい。必要な場合には冠詞も補いなさい。

Sie fährt …
1. _____ Schweiz.
2. _____ London.
3. _____ Türkei.
4. _____ Kalifornien.
5. _____ Asien.
6. _____ Alpen.
7. _____ Holland.
8. _____ USA.

4 空欄にvonかausを補いなさい。必要な場合には冠詞も補いなさい。

1. □ Hallo Ingrid, was machst denn du hier?
   ■ Ich komme gerade _____ Büro und bin auf dem Weg nach Hause.
2. Woher wissen Sie das? – _____ Herrn Steffen.
3. Woher kommst du jetzt? – _____ Arzt.
4. □ Wann kommt denn Ihre Frau _____ Krankenhaus?
   ■ Nächste Woche.

5 空欄にbei (wo?)かzu (wohin?)を補いなさい。必要な場合には冠詞も補いなさい。

1. □ Was haben Sie denn am Wochenende gemacht?
   ■ Am Wochenende war ich _____ meiner Freundin in Dresden.
2. □ Wohin gehst du?
   ■ _____ Nachbarin.
3. □ Wo waren Sie denn? Ich habe Sie überall gesucht!
   ■ Ich war nur kurz _____ meinem Kollegen im Nebenzimmer.
4. □ Du wolltest doch heute noch _____ Frisör gehen.
   ■ Eigentlich schon, aber ich habe leider keinen Termin mehr bekommen.

6 空欄に前置詞を補いなさい。必要な場合には冠詞も補いなさい。

1. Nächste Woche möchte ich _____ meiner Oma _____ Schweiz fahren. Meine Großeltern haben früher _____ Süddeutschland gewohnt, aber seit ein paar Jahren wohnen sie nun _____ Schweiz. Dort haben sie sich ein Haus _____ einem kleinen See _____ Bergen gekauft.
2. In München war ich _____ Olympiaturm, _____ Olympiastadion, _____ Deutschen Museum, _____ Englischen Garten, _____ Isar (*f.*), _____ meiner Tante, _____ Leopoldstraße _____ Schwabing, _____ Marienplatz und _____ Biergarten _____ Kleinhesseloher See.

7 3格・4格：与えられた単語を使って文を作りなさい。

1. tragen – bitte – der Keller – in – das Bier – Sie
   Tragen Sie bitte das Bier in den Keller.
2. der Mantel – die Garderobe – hängen – an – er
3. der Schrank – stehen – in – die Weingläser
4. auf – der Atlas – die Kommode – liegen
5. hängen – über – du – warum – die Lampe – der Fernseher?
6. die Zeitung – er – unter – legen – das Sofa – immer
7. dein Fahrrad – vor – stehen – die Haustür
8. räumen – die Spülmaschine – das Geschirr – er – nie – in

8 与えられた前置詞と liegen/legen, stellen/stehen, hängen を使って対話を作りなさい。

| in | an | unter | ~~auf~~ | zwischen | in | neben | an |

1. Sweatshirt (*n.*) – Bett (*n.*)
   ☐ Mama, wo ist denn mein Sweatshirt?
   ■ *Ich habe es auf dein Bett gelegt.*
   ☐ Es liegt aber nicht mehr auf dem Bett!
   ■ *Dann weiß ich auch nicht, wo es ist.*
2. Jacke (*f.*) – Garderobe (*f.*)
3. Fußball (*m.*) – Keller (*m.*)
4. Schere (*f.*) – Schublade (*f.*)
5. Schlüssel (*Pl.*) – Schlüsselbrett (*n.*)
6. Schuhe (*Pl.*) – Bank (*f.*)
7. Tasche (*f.*) – Regal (*n.*) und Schrank (*m.*)
8. Taschenlampe (*f.*) – Lexikon (*n.*)

9 イラストを見て質問と答えの文を作りなさい。

Das ist Dominiks unordentliches Zimmer. Wo liegen/stehen/hängen seine Sachen?

Wo liegt die Armbanduhr? – Sie liegt unter dem Tisch neben dem Bett.
Wo ...

10 イラストを見て質問と答えの文を作りなさい。

Wohin hat Dominik seine Sachen gelegt/gestellt/gehängt?

Wohin hat er die Armbanduhr gelegt? –
Er hat sie unter den Tisch neben seinem Bett gelegt. ...

11 ベルガー夫妻の休暇を作文しなさい。2人はどこにいましたか？

1. Hotel – Kreta   In einem Hotel auf Kreta.
2. Pension – Berlin
3. Freunden – Japan
4. Schiff – Mittelmeer (*n.*)
5. Stadt – Rhein (*m.*)
6. Insel – Indischer Ozean (*m.*)
7. Bungalow – Südküste von Spanien
8. Haus – Alpen (*pl.*)

12 空欄に前置詞を補いなさい。必要な場合には冠詞も補いなさい。

1. Heute Abend bleibe ich _____ Hause.
2. Gestern habe ich _____ Bank meinen Lehrer getroffen.
3. Wir wohnen _____ einem kleinen Haus _____ Stadtrand von Schwerin.
4. Heute Morgen lag sogar Schnee _____ Bergen. Und das im Mai!
5. Frankfurt liegt _____ Main (*m.*).
6. Andreas ist schon _____ Hause gegangen.
7. Die meisten Deutschen fahren im Urlaub _____ südliche Länder.
8. Die alte Frau ging _____ Park und setzte sich _____ eine Bank.
9. _____ dieser Firma möchte ich nicht mehr arbeiten.
10. Warum könnt ihr nicht länger _____ uns bleiben?
11. Wohin fahren Sie am liebsten in Urlaub? _____ Meer oder _____ Berge?
12. Wenn wir noch nicht _____ Hause sein sollten, dann gehen Sie einfach _____ Haus herum und setzen sich _____ Terrasse.

13 空欄に前置詞 in, –, vor, seit を補いなさい。必要な場合には冠詞も補いなさい。

1. ☐ Wo ist denn Ihr Sohn? Ich habe ihn schon lange nicht mehr gesehen.
   ■ Er lebt _____ einem Jahr in Brasilien.
2. ☐ Wo ist denn Anja?
   ■ Sie ist _____ einer halben Stunde weggegangen.
   ☐ Und wann kommt sie wieder zurück?
   ■ Ich weiß es nicht genau, aber spätestens _____ einer Stunde.
3. _____ wann arbeiten Sie in Leipzig? – Schon _____ zwei Jahren.
4. Wann sind Sie geboren? – _____ 1968.
5. ☐ Warte zu Hause. Ich hole dich _____ zehn Minuten ab.
   ■ Das ist sehr nett von dir.
6. ☐ Wann haben Sie geheiratet?
   ■ _____ 1988. Also schon _____ vielen Jahren.

7. ☐ Wie lange lernen Sie schon Deutsch?
   ■ _____ einem halben Jahr. Ich habe _____ September mit dem Sprachkurs begonnen.
8. ☐ Wie lange müssen wir denn noch laufen? Wir sind nun schon _____ einer Stunde unterwegs!
   ■ Nicht mehr lange. Wir sind spätestens _____ einer halben Stunde da.

14 anかinを空欄に補いなさい。必要な場合には冠詞も補いなさい。

Wir kommen ...

1. _____ zehn Tagen.
2. _____ Ostern.
3. _____ Sommer.
4. _____ April.
5. _____ Nachmittag.
6. _____ Nacht.
7. _____ 31.3.
8. _____ Sonntagabend.

15 inかnachを空欄に補いなさい。必要な場合には冠詞も補いなさい。

1. Es war eine große Operation. Aber _____ einigen Tagen ist er schon aufgestanden.
2. Ich gehe schnell zur Apotheke. _____ spätestens zehn Minuten bin ich wieder da.
3. _____ zwei Monaten habe ich mein Examen.
4. _____ dem Examen mache ich erst einmal Urlaub.
5. Unser neuer Angestellter hat schon _____ einem Monat die Firma wieder verlassen.
6. Gehen wir _____ dem Konzert noch ein Glas Wein trinken?

16 正しい返答を選びなさい。

1. Wie lange wohnen Sie schon in Lübeck?
   (Vor – Seit – Während) einem Jahr.
2. Wann kommen Sie vom Urlaub zurück?
   (In – Nach – Bis) drei Wochen.
3. Wann ist das Geschäft geschlossen?
   (Zwischen – Während – Ab) Weihnachten und Neujahr.
4. Wann hast du dir denn in den Finger geschnitten?
   (Am – Um – Beim) Kochen.
5. Wann ist denn Ihre Sekretärin in Urlaub?
   (Von nächster Woche an. – Aus nächster Woche. – Nach nächster Woche.)
6. Wie lange waren Sie denn in Berlin?
   (Seit zwei Wochen. – Gegen zwei Wochen. – Zwei Wochen lang.)

17 対話を完成させなさい。

Hans möchte mit Petra ausgehen. Aber Petra scheint nie Zeit zu haben.

1. ☐ Also, Petra, wie wäre es _____ Freitag? Hast du da Zeit?
   ■ Das ist ein bisschen schwierig. _____ Nachmittag möchte ich meine Tante besuchen, die schon _____ einer Woche im Krankenhaus liegt. Ja, und _____ Abend gehe ich zum Sport, und _____ dem Sport bin ich sicher zu müde. _____ Wochenende fahre ich dann zu meinen Eltern.
2. ☐ Schade. Wie sieht es denn bei dir _____ der nächsten Woche aus?
   ■ _____ Montag _____ Mittwoch muss ich für meine Firma nach Düsseldorf.
   _____ Donnerstag bin ich dann wieder hier. Wir könnten uns doch gleich _____ Donnerstagabend treffen?
3. ☐ Das ist leider der einzige Abend _____ der nächsten Woche, an dem ich keine Zeit habe. Vielleicht _____ Freitag?

■ Ja, aber da kann ich nur _____ 22 Uhr, weil ich _____ 22.30 Uhr ins Kino gehen und "Casablanca" sehen möchte. Darauf freue ich mich schon _____ langem! Geh doch einfach mit!
4. ☐ Ja, gern, also dann _____ Freitag! Ich hole dich so _____ 20 Uhr zu Hause ab.
■ Vielen Dank!

18 文を完成させなさい。

1. _____ meinem letzten Besuch hattest du dieses neue Sofa aber noch nicht.
2. Thomas arbeitet wirklich sehr diszipliniert. Er hat _____ vier Jahren sein Studium beendet.
3. Dieser Kurs dauert _____ Januar _____ März.
4. Sie ist schon _____ einer Woche angekommen und bleibt noch _____ nächsten Sonntag.
5. Wir bleiben _____ drei Monate in den USA.
6. Ich habe _____ 1985 das Abitur gemacht.
7. Frau Biller hat _____ einer Stunde angerufen.
8. Es ist unhöflich, _____ des Essens Zeitung zu lesen.
9. Kannst du mir dieses Buch _____ Montag leihen?
10. Wir fahren _____ die Feiertage ans Meer.
11. _____ 1. März arbeite ich bei der Firma Jäger.
12. Er hat gleich _____ dem Abitur seinen Führerschein gemacht.

19 様態を表す前置詞を補いなさい。必要な場合には冠詞も補いなさい。

1. Am Freitag fahre ich nur mit meinem Mann, _____ die Kinder, übers Wochenende nach Wien. Endlich sind wir mal wieder nur zu zweit!
2. Diese Bluse ist _____ indischer Seide.
3. Meinen Informationen _____ beginnt die Veranstaltung erst um 19 Uhr.

4. Wenn Sie nach Köln kommen, müssen Sie mich _____ jeden Fall besuchen!
5. Seit ein paar Jahren kann ich leider nur noch _____ Brille lesen.
6. Wir haben dieses Problem _____ allen Einzelheiten besprochen.
7. Meiner Meinung _____ gibt es an dieser Stelle einen Fehler in der Übersetzung.
8. Sie haben die Aufgaben leider nur _____ Teil richtig gelöst.
9. Wir heizen unsere Wohnung _____ Gas.
10. _____ Fremdsprachenkenntnisse findest du heutzutage keinen guten Job als Sekretärin.
11. Könnten Sie mir bitte diesen Text _____ Englische übersetzen?
12. Wir hätten gern ein Zimmer _____ Blick aufs Meer.
13. _____ Gegensatz zu mir hat er sehr schnell Ski fahren gelernt.
14. _____ Glück habe ich endlich eine Wohnung gefunden.

20 理由を表す前置詞を補いなさい。必要な場合には冠詞も補いなさい。

1. _____ einer technischen Störung in der U-Bahn sind wir leider viel zu spät gekommen.
2. _____ Angst vor einer Strafe hat er nicht die Wahrheit gesagt.
3. _____ dieser Kälte muss man ja krank werden!
4. Es tut uns leid, aber _____ eines Fehlers in unserem Telefonsystem können wir heute keine Gespräche vermitteln.
5. Am Tag ihrer Hochzeit strahlte die Braut _____ Glück.
6. Ich mache das nur _____ Liebe zu dir.
7. _____ des starken Nebels sind gestern Abend viele Flüge ausgefallen.
8. _____ dieser Hitze müssen Sie viel trinken.
9. Er weinte _____ Glück, als sein erstes Kind geboren war.
10. _____ einer starken Grippe konnte sie leider nicht kommen.

3☆2 副詞　Adverbien

特徴

● 基本的に語形変化をしない。
　Ich komme **morgen**.　私は明日来ます。
● 動詞または形容詞を修飾する。
　Das war eine **sehr** schöne Party.
　それはとても素敵なパーティーだった。
● 副詞は文中でおもに添加語の機能を持ち，文の中域に置かれる。▶「いつ・なぜ・どん（な）・どこ」

副詞は前置詞や接続詞と同様に，次の意味上のグループに分けることができる。
・場所を表す副詞
・時を表す副詞
・様態を表す副詞
・原因，譲歩，結果を表す副詞

▶前置詞　163～181ページ，接続詞　226～233ページ参照

場所に関係する副詞

■移動の方向

wohin?　どこへ

abwärts ⟷ aufwärts
下(方)へ　上(方)へ

Von dort führt der Weg **abwärts** ins Tal.
あそこから，道は谷のほうへ下っていく。

vorwärts ⟷ rückwärts
前方へ　後方へ，後ろ向きに

Passen Sie auf, wenn Sie **rückwärts** fahren!
バックで運転する時は気をつけてください。

her ⟷ hin
こちらへ　あちらへ

Wo kommst denn du **her**, Toni, du bist ja ganz schmutzig!
いったいどこから来たの，トニー，すごく汚れてるじゃないの！

Wo gehst du **hin**?　どこへ行くの？

(hier) her ⟷ dorthin*
こちらへ　あそこへ

Komm bitte **hierher**!　　Geh bitte **dorthin**!
こっちに来てちょうだい！　あちらへ行ってちょうだい！

heraus ⟷ hinaus
外へ　短縮形 raus**

Kinder, kommt / geht doch **raus**. Das Wetter ist so schön!
子供たち，外へ出て来て／行ってごらん。とても良い天気だよ！

3-2 副詞● 191

herein ⟷ hinein 中へ　　　短縮形 rein**	Kinder, kommt / geht bitte **rein**. Das Essen ist fertig. 子供たち、中に入って来て/行ってちょうだい。食事の用意ができたよ。
herauf ⟷ hinauf 上へ　　　短縮形 rauf**	Kinder, kommt / geht bitte **rauf**. Ihr müsst ins Bett. 子供たち、上がって来て／行ってちょうだい。あなたたちは寝なくてはなりませんよ。
herunter ⟷ hinunter 下へ　　　短縮形 runter**	Kinder, kommt/geht bitte von der Mauer **runter**! 子供たち、壁から降りて来なさい／行きなさい！
herüber ⟷ hinüber あちらへ　　短縮形 rüber**	Kinder, geht mal bitte zur Nachbarin **rüber** und bittet sie um etwas Zucker. Wir haben keinen mehr. 子供たち、ちょっとお隣へ行って、砂糖を少しもらってきてちょうだい。もうなくなってしまったのよ。
nach links / rechts 左／右へ	Gehen Sie bitte **nach links / rechts**. 左／右方向へ行ってください。
nach oben / unten 上／下へ	Gehen Sie bitte **nach oben / unten**. 上／下へ行ってください。
nach vorn / hinten 前／後ろへ	Gehen Sie bitte **nach vorn / hinten**. 前／後ろへ行ってください。
nach draußen/drinnen 外／中へ	Gehen Sie bitte **nach draußen / drinnen**. 外へ出て／中に入ってください。
irgendwohin 　　⟷ nirgendwohin どこかへ　どこにも（…ない）	Ich fahre am Wochenende **irgendwohin** in die Natur. Ich weiß aber noch nicht genau wohin. 私は週末にどこか自然の豊かな所に行く。ただしどこへ行くかはまだはっきり分からない。
überallhin どこへでも	Mit dir fahre ich **überallhin**. 君とならどこへでも行くよ。

*(hier) her + kommen → woher? どこから？
 (dort) hin + gehen, fahren ... → wohin? どこへ？
**話し言葉では、raus などの短縮形を用いる。heraus も hinaus も、短縮形は raus である。ただし書き言葉では短縮しない heraus/hinaus などを用いることが多い。これらは hierher（こちらへ）、dorthin（あちらへ）と同じく、話し手と聞き手の位置が肝心となってくる。

1ポイントレッスン

[–]hin と [–]her の使い分け

her → 話者 : こちらへ：話者に向けた方向

hin → : 向こうへ：話者を中心とした方向

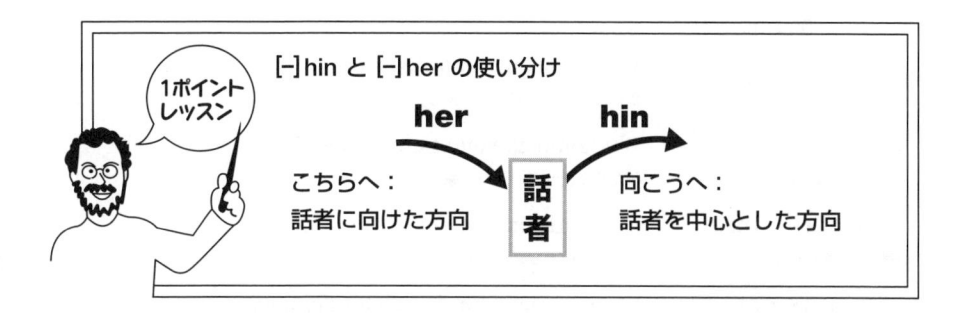

■場所

	wo	どこに, どこで
links ↔ rechts 左に　右に	Wo ist denn meine Brille? Dort **links** auf dem Tisch. 私の眼鏡はどこだい？　あそこの、テーブルの上の左の方にあるよ。	
oben ↔ unten 上に　下に	Ich bin **oben**. Komm doch auch rauf! 私は上（の階）にいるよ。君も上がっておいでよ。	
vorn ↔ hinten 前に　後ろに	Bitte im Bus nur **vorn** einsteigen! バスでは前でのみ乗車してください。	
draußen ↔ drinnen 外に　中に	Kommt doch rein. Es ist schon so kalt **draußen**. 中へ入ってちょうだい。　外はもうとても寒いわ。	
irgendwo ↔ nirgendwo 　　　　　　(= nirgends) どこかに　どこにも（…ない）	Wo ist denn meine Brille? Sie muss **irgendwo** hier sein. – Ich habe sie leider nirgends gesehen. 私の眼鏡はどこだい？　どこかこのへんにあるはずだ。残念だけど私はどこにも見かけなかったわ。	
hier ↔ da/dort ここに　そこ／あそこに	Das Haus **da/dort/hier** meine ich. Das gefällt mir. あの／あそこの／ここにある家のことを私は言っているのよ。これが気に入ったわ。	
drüben　向こうに	Mir gefällt das Haus dort **drüben**. 私は向こうにある家が気に入った。	
mitten　真ん中に	Musst du immer **mitten** auf dem Sofa sitzen? 君はいつもソファーの真ん中に座らないといけないの？	
überall　いたるところに	Gestern hat es **überall** in Deutschland geregnet. 昨日はドイツのいたるところで雨が降った。	

■場所の移動

woher どこから

von links ⟷ rechts 左から　右から	Wir kommen **von links / rechts**. 私たちは左から／右から来る。
von oben ⟷ unten 上から　下から	Wir kommen **von oben / unten**. 私たちは上から／下から来る。
von vorn ⟷ hinten 前から　後ろから	Wir kommen **von vorn / hinten**. 私たちは前から／後ろから来る。
von draußen ⟷ drinnen 外から　中から	Wir kommen **von draußen / drinnen**. 私たちは外から／中から来る。
von irgendwoher ⟷ nirgendwoher どこかから　どこからも (…ない)	Woher kommt er? - Ich weiß es nicht, **von irgendwoher** aus Europa. 彼はどこから来たの？　知らないよ。ヨーロッパのどこかからだよ。
von überallher いたるところから	Zu der Hochzeit des Prinzen kamen die Gäste **von überallher** angereist. 王子の結婚式にはいたるところから賓客が到着した。

■行き先

fort ⟷ weg (ある場所から) 去って，離れて	Geh bitte nicht **fort/weg** von mir! 私から離れていかないで！
irgendwohin ⟷ nirgendwohin どこかへ―どこへも (…ない)	Wohin gehst du? - Ich gehe **nirgendwohin**. Ich ziehe mir nur eine Jacke an, weil mir kalt ist. どこへ行くの？　どこへも行かないよ。寒いから，上着を着ているのよ。

違いに注意しましょう

Woher kommen Sie? どこから来ましたか？		Wo sind Sie? どこにいるのですか？		Wohin gehen Sie? どこへ行くのですか？	
Ich komme	von oben von drinnen von links von … von überallher von n/irgendwoher	Ich bin	oben drinnen links … überall n/irgendwo	Ich gehe	nach oben nach drinnen nach links nach … überallhin n/irgendwohin

時を表す副詞　wann?　いつ？

過去	現在	未来
[vor]gestern 昨日（一昨日）	heute 今日	[über]morgen 明日（明後日）
vorhin さっき	jetzt, nun 今、さあ（これからすぐ）	bald じきに、まもなく
vorher 前もって、その前に	gerade ちょうど今	nachher 後で
früher かつて、昔	sofort, gleich すぐに	hinterher その後から
[ein]mal 以前に、昔	bisher これまで	[ein]mal いつか、そのうち
neulich 最近　damals 当時	später 後で	

■過去

[vor]gestern
昨日（一昨日）

Wir sind **gestern** Abend angekommen.
私たちは昨晩到着した。

vorhin
さっき

Nein danke, ich habe jetzt keinen Hunger. Ich habe **vorhin** erst etwas gegessen.
いいえ結構です、ありがとう。私は今、お腹がすいていません。さっき食べたところなのです。

vorher
その前に

Ich komme nach der Arbeit zu dir. Aber **vorher** muss ich noch kurz nach Hause.
仕事の後で君のところへ行くよ。でもその前にちょっと家に寄らなくてはならない。

früher
かつて、昔

„**Früher** war alles besser", sagt meine Großmutter.
「すべて、昔のほうが良かった」と私の祖母は言う。

[ein]mal
以前に（は）、昔

Dies war **(ein)mal** ein gutes Restaurant. Heute ist es leider nicht mehr so gut.
これは以前は良いレストランだった。現在では残念ながらもうそれほど良くはない。

neulich
最近

Hast du Maria mal wieder gesehen? – Ja, wir haben uns **neulich** getroffen.
マリアにまた会ったの？　ええ、私たちは最近会ったのよ。

damals
当時

Vor 15 Jahren war ich schon einmal an diesem See. **Damals** gab es hier noch keine so großen Hotels.
15年前、私はいちどこの湖に来たことがある。当時、ここにはこれほど大きなホテルはまだなかった。

■現在

heute 今日	Was machst du **heute** Abend? 今日の晩、何をするの？
jetzt – nun 今	Das war der letzte Bus. Was machen wir **nun**? あれが最終バスだった。さあ、これからどうしようか？
gerade ちょうど今	Was machst du **gerade**? – Ich esse. ちょうど今、何をしているの？　食事をしているよ。
sofort – gleich すぐに	Warten Sie bitte. Ich komme **gleich**. お待ちください。すぐにまいります。
bisher これまで	**Bisher** hatte ich keine Probleme mit dem Chef. 私はこれまで上司と何の問題もなかった。

> **1ポイントレッスン**
>
> ドイツ語で「最近」を表す表現はいくつかあり、文脈によって使い分けます。例として neulich と in letzter Zeit の違いを見てみましょう。
> 「最近、ドイツ語の勉強が楽しくなってきた」の「最近」はどちらでしょうか。この場合はある一定の期間のことを指していますので、in letzter Zeit を使うのが適当です。
>
> それでは「最近、新しくできたスーパーに行ったら、値段が他のスーパーよりずっと安かった」の「最近」はどうでしょうか。この場合は一度だけの、比較的短い時間の出来事を表していますので neulich を使うと良いでしょう。

■未来

[über]morgen
明日（明後日）

Heute habe ich leider keine Zeit, aber morgen oder **übermorgen** kann ich Ihnen gern helfen.
今日私は残念ながら時間がありませんが、明日か明後日なら喜んでお手伝いします。

bald
じきに

Hoffentlich ist dieser Regen **bald** vorbei!
この雨がじきに止むと良いのだが。

nachher
後で

Ich möchte jetzt zum Mittagessen gehen. Kann ich den Brief auch **nachher** schreiben?
私は今から昼食をとりに行きたい。手紙は後で書いてもいいですか？

hinterher
後になって

Hinterher wissen wir immer alles besser.
いつも後になれば、我々はあらゆることについてもっとよく分かっている。

[ein] mal
いつか

Kommst du mich **(ein)mal** in München besuchen?
いつか私をミュンヘンまで訪ねてこない？

später
後で

Karl hat angerufen. Er kommt heute Abend ein bisschen **später**.
カールから電話があった。彼は今晩、（予定より/他の人より）少し後になってから来る。

■頻度 wie oft?

100%							0%
jedesmal			oft		manchmal		niemals
	fast immer	meistens		öfters		selten	fast nie
immer			häufig		ab und zu		nie

immer
いつも，常に
Sie ist **immer** fröhlich.
彼女はいつも朗らかだ。

jedesmal
毎回
Wenn ich in Paris bin, gehe ich **jedesmal** ins Centre Pompidou.
私はパリでは，いつもポンピドー・センターへ行く。

meistens
たいてい
Am Morgen trinke ich **meistens** Kaffee.
朝，私はたいていコーヒーを飲む。

oft – häufig
頻繁に
Ihr streitet euch aber **oft**!
君たちは頻繁に喧嘩しているものだね！

öfters
何度か
Das ist ein gutes Geschäft. Wir haben schon **öfters** hier eingekauft.
これはとても良い店だ。私たちはもう何度かここで買い物をした。

manchmal – ab und zu
ときどき
Besuchst du deine Eltern oft?
– Nein, nur **ab und zu** am Sonntag.
君は両親のもとを頻繁に訪ねていくの？
いいえ，ときどき日曜日に行くだけだよ。

selten
めったに…ない
Ich war **selten** so glücklich wie an diesem Tag!
私は，この日ほど幸せだったことはめったにない。

nie – niemals
一度も…ない
Ich war noch **nie** in China.
私はまだ一度も中国に行ったことがない。

違いに注意！

meistens　　Am Morgen trinke ich **meistens** Kaffee.
たいてい　　朝，私はたいていコーヒーを飲む。

am meisten (= viel の最上級「最も多く」)
　　　　　　Peter verdient von uns allen **am meisten**.
　　　　　　ペーターは私たち全員の中で最も多く収入を得ている。

■順序

zuerst まずは
Am Sonntag haben wir **zuerst** geduscht.
日曜日，私たちはまずシャワーを浴びた。

dann それから
Dann haben wir gemütlich gefrühstückt.
それから私たちはくつろいで朝食をとった。

danach その後で
Danach haben wir eine Wanderung um den See gemacht. その後，私たちは湖の周りをハイキングした。

schließlich 最後に, 結局
Schließlich waren wir zu müde zum Kochen und sind essen gegangen.
結局，私たちは料理をするには疲れきっていて，食事をしに出掛けた。

zuletzt いちばん最後に
Zuletzt haben wir noch einen Espresso in einer kleinen Bar getrunken und sind ins Bett gegangen.
一番最後に私たちはエスプレッソをもう一杯小さなバーで飲み，就寝した。
▶この他の時の副詞（montags, abendsなど）は130ページ参照

様態の副詞

anders 違ったやり方で
Ich hätte **anders** reagiert. 私は違った反応をしただろうに。

beinahe – fast あやうく
Mein Gott, **beinahe** wären mir die Schlüssel runtergefallen!
これは大変，あやうく鍵を落としてしまうところだった。

besonders 特に
Dieses Hotel hat uns **besonders** gut gefallen.
このホテルは特に，私たちの気に入った。

bestimmt きっと
Er wollte dir **bestimmt** nicht weh tun!
彼はきっと，あなたを傷付けるつもりはなかったのよ。

etwas 少し
Ich habe mittags **etwas** geschlafen.
私は昼間に少し眠った。

ebenso wie
– genauso wie …と同様に まったく同様に
Sie kocht **genauso** gut **wie** ihre Mutter.
彼女は，彼女の母親とまったく同じくらい料理が上手だ。

gar nicht
– überhaupt nicht まったく…ない
Ich weiß **überhaupt nicht**, wie ich das alles schaffen soll.
私は，どのようにしてこれをすべて成し遂げたらいいのか，まったくわからない。

gern 喜んで…する	Vielen Dank für die Einladung. Wir kommen sehr **gern**. お招き下さいましてありがとうございます。喜んでお伺いします。
höchstens 多くても，せいぜい	Leider können wir **höchstens** drei Tage hier bleiben. 残念なことに，私たちはせいぜい3日しかここに留まることができない。
irgendwie なんとなく	Vielleicht werde ich krank. Ich fühle mich heute **irgendwie** nicht wohl. ひょっとしたら私は病気にかかっている。今日はなんだか気分が優れない。
kaum ほとんど…ない	Letzte Nacht habe ich **kaum** geschlafen, weil ich so starke Zahnschmerzen hatte. 昨夜，歯がとても痛かったので，私はほとんど眠れなかった。
leider 残念なことに	Er weiß es **leider** auch nicht. 彼も残念なことに，それを知らない。
mindestens 少なくとも	Jetzt geht es mir gut. Ich habe letzte Nacht **mindestens** zehn Stunden geschlafen. 今では気分が良い。私は昨夜，少なくとも10時間眠った。
sehr とても	Das Essen war wirklich **sehr** gut! 食事はほんとうにとてもおいしかった。
so こんなふうに	Schau her und mach es **so** wie ich. こっちを見て，私と同じようにしなさい。
umsonst 無駄に	Wir sind **umsonst** zum Bahnhof gefahren. Sie ist nicht gekommen. 私たちが駅まで行ったのは無駄だった。彼女は来なかったのだから。
wenigstens せめて	Du könntest **wenigstens** beim Geschirrspülen helfen, wenn du schon sonst nichts machst. 君は他に何もしないのなら，せめて食器洗いを手伝えるだろう。
ziemlich かなり，相当	Es ist **ziemlich** kalt geworden. かなり寒くなった。

原因，譲歩，結果を表す副詞

■原因

deshalb – deswegen – daher – darum だから	In zehn Minuten fährt der Zug. **Deshalb** sollten wir uns beeilen! 10分後に列車が出る。だから私たちは急がなくてはならない！

nämlich （動詞の後！）
というのは，つまり

Ich muss das heute noch fertigmachen, ab morgen bin ich **nämlich** in Urlaub.
私はこれを今日にも仕上げなくてはならない。というのも明日からは休暇にでるからね。

■譲歩

trotzdem – dennoch
…にもかかわらず

Ich habe es verboten. Er hat es **trotzdem** getan.
私はそれを禁止した。それにもかかわらず彼はそれを行った。

■結果

also
したがって

Sein Auto steht vor der Tür. Er ist **also** zu Hause.
彼の車がドアの前にある。したがって彼は家にいる。

1ポイントレッスン

nämlich（というのは，つまり）を使って，先行する発話の理由を述べることができます。ただし並列接続詞のように（後続の）文の頭に置くことができないので注意してください。
○ Ich gehe ins Restaurant, ich habe nämlich Hunger.
× Ich gehe ins Restaurant, nämlich ich habe Hunger.
私は（今から）レストランへ行く，というのもお腹がすいているというわけさ。

nämlich は文の第3番目か4番目に置くか，または文頭に主語が置かれていない場合は人称代名詞の後ろに置く。
Ich gehe ins Restaurant, ich habe nämlich Hunger.
Ich gehe ins Restaurant, dort kann ich nämlich am besten essen.
私は（今から）レストランへ行く。あそこではつまり，とてもおいしい食事がとれるというわけさ。

1ポイントレッスン

her, hin, rauf, runter, raus, rein, rüber といった副詞は kommen, gehen などの移動を表す動詞と使います。
Sie müssen diese Treppe hinaufgehen/raufgehen.
Können Sie bitte mal herkommen?

1 文を完成させなさい。

| hierher | dorthin | her | hin | rauf | runter | raus | rein | rüber |

1. ☐ Was machen Sie denn da oben?
   ■ Von hier hat man einen wunderschönen Ausblick. Ich möchte ein paar Fotos machen. Kommen Sie doch auch _____ ! Es lohnt sich wirklich.
2. ☐ Kommen Sie nur _____ . Die Tür ist offen.
   ■ Danke.
   ☐ Setzen Sie sich doch bitte _____ . Ich komme auch gleich.
3. ☐ Kommt doch mal _____ auf die Terrasse, ich muss euch etwas zeigen.
   ■ Was ist denn los?
4. ☐ Du, wir sind gerade im „Tivoli", komm doch auch _____ .
   ■ Nein danke, ich habe heute keine Lust mehr auszugehen.
5. ☐ Möchten Sie nicht auf ein Glas Wein zu uns _____ kommen? Dann können wir auf eine gute Nachbarschaft trinken.
   ■ Ja gern, das ist sehr nett von Ihnen.
6. ☐ Mama, wo bist du?
   ■ Ich bin hier unten im Keller.
   ☐ Komm mal bitte _____ . Ich muss dich was fragen.
   ■ Ich kann jetzt nicht. Komm du doch _____ .
7. ☐ Thomas ist draußen. Geh doch auch _____ und spiel mit ihm.
   ■ Wenn er mit mir spielen will, kann er auch _____ kommen.
8. ☐ Herr Dr. Schneider, könnten Sie bitte einen Moment _____ kommen?
   ■ Natürlich, was gibt es?
9. ☐ Kommt doch auch _____ und setzt euch zu uns!
   ■ Danke schön.
10. ☐ Gehen Sie bitte _____ . Das Sekretariat ist im 1. Stock.
    ■ Wir waren gerade oben. Es ist aber niemand da.

2 反意語を書きなさい。

1. hinaus (raus) _____
2. irgendwo _____
3. hier _____
4. links _____
5. von vorn _____
6. nach draußen _____
7. nirgendwohin _____
8. hinunter (runter) _____
9. abwärts _____
10. rückwärts _____

3 空欄に副詞を補いなさい。

1. Haben Sie schon unsere Dachterrasse gesehen?
   Kommen Sie bitte mit mir _nach oben_. (oben / aufwärts / nach oben)
2. Wir sind schon fast _____ gereist, nur nicht nach Südostasien.
   (überallhin / irgendwohin / überall)
3. Mein Vater ist draußen im Garten.
   Gehen Sie bitte _____ zu ihm. (weg / rüber / hinaus)
4. Morgen fahren wir auf den Olympiaturm. _____ dort _____ hat man einen herrlichen Blick über München und bis zu den Alpen. (von … oben / nach … oben)
5. Ich habe mein neues Fahrrad immer _____ im Keller. Dort steht es sicherer als im Hof. (runter / nach unten / unten)
6. Bitte schau _____, wenn du Auto fährst, und dreh dich nicht immer zu den Kindern um. (vorwärts / hierher / nach vorn)
7. Hier gefällt es mir so gut, dass ich gar nicht mehr _____ möchte. (irgendwohin / fort / überallhin)
8. Kommen Sie bitte _____. (hierher / rechts / dorthin)

4 空欄を補い，文を完成させなさい。

1. ☐ Claudia, wo bleibst du denn? Wir warten alle auf dich!
   ■ Keine Panik! Ich komme _sofort_ / _gleich_ .
2. ☐ Hast du schon deine Hausaufgaben gemacht?
   ■ Nein, die mache ich _____ .
3. ☐ Wo ist denn mein Geldbeutel?
   ■ Ich weiß es nicht, aber _____ lag er noch hier auf dem Tisch.
4. ☐ Oma, wo warst du denn auf Hochzeitsreise?
   ■ Ach Kind, _____ gab es so etwas noch nicht. Wir hatten kein Geld für Reisen.
5. ☐ Warum hast du mich denn nicht _____ gefragt? Ich hätte dir gern geholfen.
   ■ Ja, das war dumm von mir. Aber _____ ist man immer schlauer.
6. ☐ Wie gefällt dir denn dein neuer Job?
   ■ _____ macht mir die Arbeit sehr viel Spaß. Ich hoffe, es bleibt so.
7. ☐ Jetzt machen wir erst mal eine Pause. Wir können _____ weitermachen.
   ■ Gute Idee!
8. ☐ Wo ist denn Frau Kirchner?
   ■ Ich weiß es nicht. Sie war doch _____ noch hier.

5 与えられた副詞を空欄に補いなさい。

| fast | bestimmt | wenigstens | sehr | kaum | genauso |
| irgendwie | umsonst | ~~sehr~~ | höchstens | ziemlich | fast |

1. Gute Nacht, ich gehe jetzt ins Bett, ich bin _sehr_ müde.
2. Warum hast du nicht _____ angerufen, wenn du so spät kommst?
3. Sie ist _____ hübsch wie ihre Mutter!

4. Leider haben wir den Auftrag nicht bekommen. So war unsere ganze Arbeit _____ .
5. Sie können sich auf mich verlassen. Was ich verspreche, mache ich auch ganz _____ .
6. Er hat so leise gesprochen, dass ich _____ etwas verstanden habe.
7. Ich habe im Moment auch keine Idee, aber _____ müssen wir dieses Problem lösen.
8. Meine Großmutter ist sehr krank. Sie isst _____ nichts mehr und hat _____ viel abgenommen. Jetzt wiegt sie _____ noch 54 kg.
9. Ich muss jetzt unbedingt etwas essen. Ich habe heute den ganzen Tag noch _____ nichts gegessen.
10. Ich bin sehr müde, denn die Bergtour war _____ anstrengend.

6 原因・結果・譲歩を表す副詞を空欄に補いなさい。

1. Meine Kollegin ist sehr erkältet. _____ kommt sie ins Büro.
2. Ich habe den Bus verpasst. _____ bin ich leider zu spät gekommen.
3. Ich habe nichts bestellt, _____ muss ich auch nichts zahlen.
4. Morgen muss ich früh aufstehen, _____ gehe ich jetzt schlafen.
5. Es gibt zu wenig Schnee, _____ können wir am Wochenende nicht Ski fahren.
6. Er lernt erst seit zwei Monaten Französisch. _____ spricht er schon ziemlich gut.

7 nämlich を使った文を書きなさい。

1. Er lernt fleißig Deutsch- (er möchte in Deutschland studieren)
2. Wir sind sehr spät nach Hause gekommen- (der Bus hatte Verspätung)
3. Im Sommer bin ich immer müde- (der Sommer ist sehr schwül in Japan)
   der Sommerを文頭に置いて
4. Über dein Geschenk habe ich mich sehr gefreut- (ich habe mir das schon immer gewünscht)   das を文頭に置いて
5. Am liebsten trinke ich deutsches Bier- (das schmeckt am besten)
6. Morgen kann ich ausschlafen- (Der Tag des Meeres ist ein Feiertag)
7. Am Wochenende gehe ich in eine Gemäldeausstellung- (Gemälde gefallen mir in der Kunstwelt am meisten)
8. Entschuldigen Sie bitte, dass ich zu spät komme- (Gestern Abend musste ich mit Kollegen trinken gehen)   Gestern Abend を文頭に置いて

4・1 動詞の結合価　Valenz des Verbs

文は，主語，動詞，目的語，添加語などのさまざまな成分から成り立っている。ドイツ語では，動詞によってこれらの成分の使い方に決まりがある。

動詞は文の中でもっとも重要な成分で，文中で補足語（＝主語・目的語）がいくつ必要で，何格になるのかを決める。これを**動詞の結合価**と呼ぶ。

チェック！　**補足語**（補足成分）とは，動詞によって決まる，必須の文成分のことである。**添加語**（添加成分）Angabe とは，動詞に左右されず，必須ではない文成分のことである。（時の添加語，場所の添加語など）

動詞＋1格

1格（＝主語）の補足語だけで，完全な文として成り立つ動詞がある。

Ich　　　　**schlafe**.　私は眠る。
Das Kind　**spielt**.　子供が遊んでいる。
Es　　　　**regnet**.　雨が降っている。

動詞＋1格＋4格

ほとんどの動詞は主語（1格）のほかに目的語（4格か3格）を必要とする。目的語がひとつだけで完全な文を作ることができる動詞の場合，目的語は通常4格である。

Das Kind　**malt**　　　ein Bild.　子供が絵を描く。
Ich　　　　**schreibe**　ein Buch.　私は本を執筆する。
Ich　　　　**bestelle**　ein Mineralwasser.
私はミネラルウォーターを注文する。

動詞＋1格＋3格

3格の目的語を必要とする動詞もある。少ないので覚えてしまおう。人に関係するものが多い。

Ich　　　　　**helfe**　　dir.　私は君の手伝いをするよ。
Euer Haus　**gefällt**　mir.　君たちの家は私の気に入る。
Diese Jacke　**gehört**　meiner Freundin.
この上着は私の親友のものだ。

その他	antworten 答える	begegnen 出会う
	danken 感謝する	fehlen 欠けている
	folgen 後に続く	gelingen うまくゆく
	glauben 信じる	gratulieren お祝いを言う
	nützen 役立つ	raten 助言する
	schmecken おいしい	vertrauen 信用する
	widersprechen 反論する	zuhören 注意深く聴く
	zuschauen 眺める	など

動詞＋1格＋3格＋4格

目的語をふたつ必要とする動詞がいくつかある。もの（直接目的語）は4格，人（間接目的語）は3格。「与える・もらう」ことや「話す・黙る」ことに関する動詞が多い。

Ich **schenke** meiner Tochter ein Fahrrad.
私は私の娘に自転車をプレゼントする。

Er **erzählt** seinem Kind eine Geschichte.
彼は彼の子供に物語を話して聞かせる。

Sie **bringt** ihrer Freundin eine Tasse Tee.
彼女は親友に一杯の紅茶を運ぶ。

その他	anbieten 提供する	beantworten 回答する
	beweisen 証明する	empfehlen 勧める
	erklären 説明する	erlauben 許可する
	geben 与える	glauben 信じる，思う
	leihen 貸す	mitteilen 知らせる
	sagen 言う	schicken 送る
	verbieten 禁止する	versprechen 約束する
	vorschlagen 提案する	wegnehmen 取り上げる
	wünschen 願う	zeigen 示す など

▶ 4格と3格の練習問題は47ページ

> **1ポイントレッスン**
>
> Deutschland gefällt mir. 私はドイツが気に入っている。
>
> 気に入っている対象「ドイツ」が1格（＝文の主語）です。気に入っている対象が複数の場合，動詞はこれに応じて変化させます。
>
> Deine Schuhe gefallen mir. 君の靴は私の気に入る。

動詞＋1格＋1格	sein と werden は1格の補足成分をふたつ必要とすることが多い。▶ sein と werden の練習問題は15ページ Sie **ist** eine schöne Frau. 彼女は美しい女性だ。 Sie **wird** Ärztin. 彼女は医者になる。
動詞＋1格＋前置詞句の補足成分（3格または4格）	特定の前置詞と結びつく動詞は常に前置詞句の目的語（前置詞格目的語）を必要とする。前置詞が4格支配か3格支配のどちらになるかは，前置詞によって異なる。 ▶前置詞と結びつく動詞は74〜83ページ参照 Wir **beginnen** mit dem Unterricht. 私たちは授業を始める。 Ich **denke** gern an meine Kindheit. 私は私の幼年時代のことを思い出すのが好きだ。 Wir **freuen** uns auf die Ferien. 私たちは休暇を楽しみにしている。 動詞のなかには，前置詞句の目的語がなくても良いが，「前置詞＋添加成分」と結びつくものがある。 Ich fahre nach Berlin. 私はベルリンへ行く。 Ich gehe ins Kino. 私は映画館へ行く（＝映画を見に行く）。 Sie bleibt im Haus. 彼女は家の中に留まる。 ▶前置詞句と結びつく動詞の練習問題は84〜88ページ参照

4✪2 定動詞第二位
Verb an zweiter Position

動詞の位置

平叙文や，疑問詞を使った疑問文においては定動詞を文の2番目に置く。ただし助動詞や分離動詞を用いるときなど，動詞が分かれる場合は2番目と文末に置く。この場合，定動詞が2番目に来る。

	2番目		文末
	Heute **beginnt**	der Film schon um 20 Uhr.	

今日，映画は20時には始まる。

分離動詞

Heute **fängt** der Film schon um 20 Uhr **an***.
今日，映画は20時には始まる。

現在完了

Gestern **hat** der Film schon um 20 Uhr **begonnen**.
昨日，映画は20時には始まった。

分離動詞の現在完了

Gestern **hat** der Film schon um 20 Uhr **angefangen***.
昨日，映画は20時には始まった。

話法の助動詞

Heute **muss** der Film schon um 20 Uhr **beginnen**.
今日，映画は20時には始まるはずだ。

Heute **muss** der Film schon um 20 Uhr **anfangen***.
今日，映画は20時には始まるはずだ。

疑問詞を使った疑問文

Wann **beginnt** der Film heute?
今日，映画は何時に始まりますか？

疑問詞を使った分離動詞の疑問文

Wann **fängt** der Film heute **an***?
今日，映画は何時に始まりますか？

▶分離動詞は39〜41ページ参照

文頭（第1番目）に置いてもよい文成分

書き言葉では，たいていの文成分を文頭に置くことができ，これによって前にある文との関連性を持たせることができる。文頭に置かれると，その文成分を強調できる。話し言葉では，次の文成分が文頭に置かれることが多い。
① 名詞，② 代名詞，③ 副詞，④ 時の添加成分，⑤ 場所の添加成分，⑥ 前置詞を伴う添加成分，⑦ 従属文

	1番目	2番目		文末
①	Meine Freundin	ist	heute um 6.32 Uhr	angekommen.
	私の親友(ガールフレンド)は今日の6時32分に到着した。			
②	Sie	ist	heute um 6.32 Uhr	angekommen.
	彼女は今日の6時32分に到着した。			
③	Heute	ist	meine Freundin	angekommen.
	今日，私の親友(ガールフレンド)が到着した。			
④	Um 6.32 Uhr	ist	sie	angekommen.
	6時32分に彼女は到着した。			
⑤	In München	würde	ich auch gern	studieren.
	私もミュンヘンの大学で学びたい。			
⑥	Durch meine Krankheit	bin	ich immer noch sehr	geschwächt.
	病気のせいで，私はいまだにとても衰弱している			
⑦	Wenn du willst,	kannst	du mich auch	besuchen.
	もし君が望むなら，君が私を訪ねてくれてもよい。			

文の中域	動詞が文の2番目と文末に分かれる場合，その間にはさまれている部分を中域(Mittelfeld)と呼ぶ。文頭には文成分をひとつしか置くことができないので，そのほかの文成分はすべて中域に置く。
中域の語順の原則	短い成分 → 長い成分
A	代名詞　名詞
B	名詞の語順：1格—3格—4格—2格
C	代名詞の語順：1格—4格—3格
D	3格/4格目的語—前置詞句の目的語
E	添加成分の語順
	原則として：時(いつ?)—理由(なぜ?)—様態(どのように?)—場所(どこ?)いつ・なぜ・どん(な)・どこの順，と呪文のように覚えておくとよい。
F	既知の情報(定冠詞つき)—新しい情報(不定冠詞つき)
G	添加成分は，2つの目的語の間に置かれることが多い。

		2番目				文末
B	Peter	hat	heute	seiner Frau	Blumen	mitgebracht.
	1格			3格	4格	

ペーターは今日，彼の妻に花を持って帰った。

B	Heute	hat	Peter	seiner Frau	Blumen	mitgebracht.
			1格	3格	4格	

今日，ペーターは彼の妻に花を持って帰った。

A	Er	hat	ihr heute Blumen	mitgebracht.

彼は，彼女に今日花を持って帰った。

A+C	Heute	hat	er ihr Blumen	mitgebracht.

今日，彼は彼女に花を持って帰った。

C	Heute	hat	er sie ihr	mitgebracht.

今日，彼は彼女にそれを持って帰った。

A	Sie	hat	sich gerade die Hände	gewaschen.

彼女はちょうど今，手を洗った。

A+C	Gerade	hat	sie sich die Hände	gewaschen.

ちょうど今，彼女は手を洗った。

D+B	Er	hat	seiner Frau eine Bluse aus Seide	mitgebracht.

彼は彼の妻にシルクのブラウスを持って帰った。

D	Gestern	hat	sie einen Brief an ihren Freund	geschrieben.

昨日，彼女は一通の手紙を恋人に宛てて書いた。

E	Gestern	bin	ich um 6.32 Uhr 時 in Frankfurt 場所	angekommen.

昨日私は6時32分にフランクフルトに到着した。

E	Gestern	bin	ich wegen des Schnees 理由 mit dem Zug 様態	gefahren.

昨日は雪のため，私は列車で行った。

F	Ich habe <u>dem Sohn meines Freundes</u> geliehen.
		既知
		<u>ein Buch</u>
		未知

私は私の親友の息子に本を貸した。

G	Ich danke <u>dir</u> herzlich <u>für die Blumen</u>.
	目的語 添加語 前置詞格目的語

お花をどうもありがとう。

G	Bei der muss <u>ich</u> <u>mir</u> <u>unbedingt</u> <u>einen Anorak</u> kaufen.
	Kälte 主語 目的語 添加語 目的語

この寒さでは、私は必ず防寒用上着を買わなくてはならない。

4格目的語と3格目的語は通常，中域に置く。強調したい場合のみ，文頭に置く。

Ich habe es mir schon gedacht. es = 4格の人称代名詞
私はそんなことだろうと思っていた。（アクセントをおかない）

Das habe ich mir schon gedacht! das = 4格の指示代名詞
そんなことだろうと思っていたよ！（アクセントをおく）

否定 文全体を否定する**文否定**と，限定された文成分のみを否定する**部分否定**がある。

文否定 文全体を否定するときは，否定詞nichtを文末に置く。

　　　　　　　2番目　　　　　　　　　文末
　　Ich　　　kaufe　　dir dieses Buch　**nicht**.
　　私は　　　君にこの本を　　買ってあげない。

ただし分離動詞や助動詞を使った文などで動詞が文末にある場合，文末にある動詞の前にnichtを置く。

　　Ich　　　habe　　　ihn **nicht**　　angerufen.
　　私は彼に電話しなかった。

Auto fahren（車を運転する）のように熟語的な表現の場合は，Autoとfahrenを切り離さずに，この前にnichtを置く。

　　Ich　　　kann　　　**nicht**　　Auto fahren.
　　私は車を運転できない。

前置詞と結びつく動詞の場合は，前置詞格目的語の前にnichtを置く。

Ich interessiere mich **nicht** <u>für Technik</u>.
私は技術に興味がない。

ただし不定冠詞つきの名詞や無冠詞の名詞の否定には否定冠詞kein-を用いる。

Ich esse **kein** Fleisch.
私は肉を食べない。

部分否定 否定する文成分の直前にnichtを置く。

    2番目 文末
Nicht <u>ich</u> habe meiner Mutter einen Brief geschrieben.
Mein Bruder war es.
私の母に手紙を書いたのは私ではない。それは兄（弟）だ。

Ich habe **nicht** <u>meiner Mutter</u> einen Brief geschrieben.
Ich habe meinem Vater geschrieben.
私は母に手紙を書いたのではない。私は父に書いたのだ。

文の末尾 A 比較の als ...（…よりも），wie ...（…のように）
B 前置詞句の目的語

本来は文末に置かれる語（分離の前つづり，完了形の過去分詞など）のさらに後ろに置くことができる。

    2番目   文末
A Der Film ist interessanter gewesen,
          als <u>ich gedacht habe</u>.
この映画は私が考えていたよりも面白かった。▶比較文は232ページ参照

A Der Film ist nicht so interessant gewesen,
          wie <u>ich gedacht habe</u>.
この映画は私が考えていたよりも面白くなかった。

B Ich habe mich sehr <u>über deinen Besuch</u>
私は君の訪問をとても喜んだ。   gefreut.

	B	Ich habe mich sehr gefreut <u>über deinen Besuch</u>. 私は君の訪問をとても喜んだ。

疑問詞付き疑問文	疑問詞を使った疑問文では，疑問詞が文頭，定動詞が2番目にくる。

       2番目   文末

Wie heißen Sie?
あなたのお名前は？

Wann fängt der Film an?
映画はいつ始まりますか。

並列接続詞 ▶als, wenn, weil は 226〜233ページ参照	主文と副文を結ぶ従属の接続詞（als, wenn, weilなど）のほかに，主文と主文を結ぶ並列の接続詞がある。並列接続詞は2つの主文の間に置くか，新出の主文の最初に置く。並列接続詞は語順に影響を与えない。
und 列挙	Ich fahre am Wochenende nach Paris **und** schaue mir den Louvre an. 私は週末にパリへ行き，そしてルーブル美術館を見学する。
sowohl ... als auch 列挙 …も，…も	Ich schaue mir **sowohl** den Louvre, **als auch** das Centre Pompidou an. 私はルーブル美術館も，ポンピドゥーセンターも見学する。
weder ... noch 除外 …も…も〜ない	Mich interessieren **weder** die Museen **noch** die Kirchen. 私は美術館にも教会にも興味がない。
aber 留保/反対の事柄 しかし	Ich fahre am Wochenende nach Paris, **aber** diesmal gehe ich in kein Museum. 私は週末にパリへ行くが，今回は美術館に行かない。
zwar ... aber 留保/反対の事柄 …ではあるが…である	Ich liebe meine Kinder **zwar** sehr, **aber** ich bin auch gern mal einen Tag allein. 私は私の子供たちが大好きではあるが，一日くらい一人になりたい。

sondern 否定の叙述の後ろに …ではなく，…である	Ich fahre nicht weg, **sondern** bleibe lieber zu Hause. 私は出掛けずに、家にいるほうがいい。
oder 選択肢 または	Ich fahre am Wochende nach Paris, **oder** vielleicht bleibe ich auch zu Hause. 私は週末にパリへ行くか、またはもしかしたら家に留まるかもしれない。
entweder ... oder 選択肢 …か，…か	Ich fahre **entweder** nach Paris **oder** nach London. 私はパリかロンドンへ行く。
denn 理由 とういうのも	Ich fahre am Wochenende nach Paris, **denn** im Frühling ist es dort sehr schön. 私は週末にパリへ行く、というのもあそこは春にはとても素晴らしいからだ。

接続詞的副詞

並列の接続詞のように主文どうしを結びつけることができる副詞がある。通常，副文の最初か，定動詞の直後に置く（第3番目）。

deshalb, deswegen, darum, daher 因果関係 だから	Mein Auto ist kaputt, **deshalb** fahre ich heute mit dem Zug zur Arbeit. 私の車は故障しており、だから今日は列車で出勤する。
zuerst まず初めに， **dann** それから， **danach** その後で， **schließlich** 終わりに， **zuletzt** いちばん後で， **gleichzeitig** 同時に， **vorher** 前に， **nachher** 後で 時	Ich frühstücke jetzt, danach fahre ich zur Arbeit. **Dann** ... 私は今から朝食をとり、その後は出勤する。それから…
trotzdem, dennoch 期待に反する物事 それにもかかわらず	Ich habe ein Auto, **trotzdem** fahre ich oft mit dem Fahrrad zur Arbeit. 私は車を持っているが、それでもよく自転車で出勤する。

also 帰結 だから，したがって	Ich bin krank, **also** bleibe ich heute zu Hause. 私は病気だ，だから今日は家に留まる。
jedoch 留保・対立 しかし	Ich besuche dich morgen, **jedoch** habe ich erst am Nachmittag Zeit. 明日，君を訪問するが，ただし午後になってようやく時間ができる。

接続詞的副詞はすべて，文の3番目に置くこともできるが，次のような場合は1つの文にしないほうがよい。

Mein Auto ist kaputt. Ich fahre deshalb heute mit dem Zug zur Arbeit.
私の車は故障している。だから今日は列車で仕事に行く。

これらの副詞や接続詞を用いて文どうしの内容を関連付けることができるので，長い文章（作文，手紙，報告書など）を書くときに用いるとよい。

まとめ

	主文を導く 0番目 （語順に影響しない）	主文を導く 1番目か3番目	副文を導く
理由 根拠	denn	deshalb, deswegen, daher, darum	weil, da
時		zuerst, dann, danach, schließlich, zuletzt...	wenn, als, seit (dem), bevor/ehe, nachdem, sobald, während, bis
条件			wenn, falls
期待に反 する事柄		trotzdem, dennoch	obwohl
結果		also	so dass, ohne dass, ohne zu
目的			um zu+不定詞句, damit
反対 保留	aber, sondern	jedoch	(an)statt dass, (an)statt zu

1ポイントレッスン

so は「それで」という意味の接続詞としては使いません。代わりに deshalb を使うと良いでしょう。

trotzdem は常に前に出てくる事柄と関連がありますが，副文を導く接続詞ではありません。

○ Es regnet, trotzdem gehe ich spazieren.
　雨が降っているが，それでも私は散歩に行く。

× Trotzdem es regnet, gehe ich spazieren.

1   単語を並べ替えて正しい文を作りなさい。

1. Gestern – ich – um 8 Uhr – bin aufgestanden
   Gestern bin ich um 8 Uhr aufgestanden.
2. Wir – gern – eine neue Wohnung – würden mieten
3. Er – immer – zu spät – kommt
4. Sie – gestern – noch einmal – wurde operiert
5. Morgen früh – ich – wieder – wegfahren
6. Dieses Jahr – unser Sohn – nicht mit uns – in Urlaub – möchte fahren
7. Wir – gern – noch – ein bisschen länger – wären geblieben
8. Nächste Woche – dich – ich – besuche – sicher

2   イタリックの部分を文頭において書き換えなさい。

1. Er hat uns diese Geschichte *gestern* doch ganz anders erzählt!
   Gestern hat er uns diese Geschichte doch ganz anders erzählt!
2. Ich habe heute meinen Lehrer *zufällig* auf der Straße getroffen.
3. Ich würde sehr gern mal *in Paris* arbeiten.
4. Ich habe ihn leider *seit drei Monaten* nicht mehr gesehen.
5. Er hat mir *zum Geburtstag* einen sehr schönen Ring geschenkt.
6. Es hat *in der Nacht* mindestens vier Stunden lang geregnet.
7. Sie hat mir mein Buch *leider* noch nicht zurückgegeben.
8. Wir haben für ihn *zum Abschied* eine Party organisiert.

3   例にならって質問に答えなさい。

1. ☐ Hat der Kellner Ihnen auch das Menü empfohlen?
   ■ Ja, er <u>hat es uns auch empfohlen</u>.
2. ☐ Haben Sie den Bewerbern die Briefe schon zugeschickt?
   ■ Ja, ich _____
3. ☐ Hat der Nachbar den Kindern den Ball weggenommen?
   ■ Ja, er _____

4. ☐ Hast du den Gästen schon unseren neuen Sherry angeboten?
   ■ Ja, ich _____
5. ☐ Hat der Küchenchef den Gästen schon das Menü vorgestellt?
   ■ Ja, er _____
6. ☐ Haben Sie Herrn Berger schon den Kaffee gebracht?
   ■ Ja, ich _____
7. ☐ Hast du deinem Vater schon dein Zeugnis gezeigt?
   ■ Ja, ich _____
8. ☐ Haben Sie Ihren Studenten schon den Konjunktiv erklärt?
   ■ Ja, ich _____

4 （ ）内の添加成分と補足成分を適切な箇所に入れて作文しなさい。

1. Wir möchten Sie gern einladen. (mit Ihrer Frau – am Samstagabend – zum Essen)
   Wir möchten Sie gern am Samstagabend mit Ihrer Frau zum Essen einladen.
2. Wir gehen ins Schwimmbad. (mit den Kindern – heute Nachmittag)
3. Wir waren in Urlaub. (in den USA – mit dem Wohnmobil – letzten Sommer)
4. Ich würde gern spazieren gehen. (am Fluss – mit dir – abends)
5. Sie geht zum Tanzen. (mit ihrem neuen Freund – jeden Abend – in dieselbe Disco)
6. Ich fahre nach Berlin. (wegen der Hochzeit meines Bruders – nächsten Sonntag)
7. Ich räume die Küche auf. (heute Abend – nach der Arbeit – mit dir)
8. Er hat sich erkältet. (beim Skifahren – in der Schweiz – letzte Woche)

5 正しい語順にしなさい。

1. Ich fahre mit dem Zug heute nach Hause.
   Ich fahre heute mit dem Zug nach Hause.
2. Ich habe beim Chef mich schon entschuldigt.
3. Er musste vor dem Theater lange auf mich gestern warten.
4. Ich kann nach Hause dich gern fahren.
5. Er hat das Buch ihr schon gebracht.
6. Ich habe wegen der Kälte einen warmen Anorak mir gekauft.
7. Sie hat nichts mir gesagt.
8. Wir sind in die Berge am Sonntag zum Wandern gefahren.

6 nichtを使って否定文を作りなさい。

1. Das ist sehr teuer.   Das ist nicht sehr teuer.
2. Seine Bilder haben mir gut gefallen.
3. Ihre Mutter wird operiert.
4. Er hat sich an mich erinnert.
5. Ich habe das gewusst.
6. Ich kann Tennis spielen.
7. Ich bleibe hier.
8. Du sollst das machen.

7 kein か nicht を入れて否定文を作りなさい。

1. Ich mag ____keine____ langweiligen Menschen.
2. Es ist _____ kalt hier.
3. Warum hast du _____ Hunger?
4. Sie hat _____ Glück in der Liebe.
5. Ich habe jetzt _____ Lust spazieren zu gehen.

6. Er kann leider _____ gut Englisch.
7. Ich habe _____ Stift dabei. Könntest du mir _____ kurz deinen leihen.
8. Wir suchen _____ Wohnung, sondern ein Haus.
9. Entschuldigung, sprechen Sie bitte langsamer. Ich verstehe _____ viel Deutsch.
10. Tut mir Leid, ich kenne _____ guten Mechaniker, der dir bei der Reparatur helfen könnte.

8 イタリックの語句を否定した文を作りなさい。

1. Sie sind *immer* pünktlich.　　Sie sind nicht immer pünktlich.
2. *Ich kenne sie.*
3. Wir gehen *heute* ins Konzert, (sondern morgen).
4. *Alle* lieben diese Sängerin.
5. *Er kann Ski fahren.*
6. Ich gehe *mit jedem* aus.
7. *Ich weiß es.*
8. Das versteht *jeder*.

9 接続詞を空欄に補い，文を完成させなさい。

| und | sowohl ... als auch | weder ... noch | aber | zwar ... aber |
| sondern | oder | entweder ... oder | denn | und と denn は 2 回使います。 |

1. ☐ Könnten Sie mir bitte kurz Ihr Wörterbuch leihen, _denn_ ich finde meins nicht?
2. ☐ Gehst du heute Abend mit uns ins „Papillon"?
   ■ Ich komme gern mit, _____ nicht lange, _____ ich möchte heute früh ins Bett gehen.

3. ☐ Welche Opern mögen Sie lieber, die von Verdi oder Mozart?
   ■ Ich liebe _____ die Opern von Verdi _____ die von Mozart. Meine Lieblingsoper ist übrigens „Traviata".
4. ☐ Ist Tante Emma schon da?
   ■ Nein, sie wollte nun doch nicht heute kommen, _____ lieber morgen.
5. ☐ Mögen Sie keinen Champagner?
   ■ Doch, sehr. Ich darf _____ keinen Alkohol trinken, _____ heute mache ich mal eine Ausnahme.
6. ☐ Was machst du denn nach dem Unterricht?
   ■ Ich weiß es noch nicht. _____ gehe ich nach Hause _____ mache einen Mittagsschlaf _____ ich gehe ins Zentrum zum Einkaufen.
7. ☐ Sprechen Sie Spanisch oder Italienisch?
   ■ _____ _____ , aber ich kann sehr gut Englisch und Französisch.
8. ☐ Was machen Sie heute Abend?
   ■ Ich weiß es noch nicht genau. Vielleicht gehe ich ins Kino, _____ ich bleibe zu Hause _____ sehe fern.

10 与えられた副詞を使って文を書き換えなさい。語順に注意しなさい。

1. Bevor wir nach Berlin umgezogen sind, lebten wir auf dem Land in Oberbayern. (früher/jetzt)
2. Da ich in Bayern meine Kindheit verbracht habe, liebe ich die Berge. (deshalb)
3. Obwohl das Leben in einer Großstadt wie Berlin eine große Umstellung für mich bedeutet hat, habe ich mich schnell daran gewöhnt. (trotzdem)
4. In Berlin verwenden die Leute zum Beispiel das Wort „Semmel" nicht. Sie sagen „Schrippen". (hier)

5. Vor ein paar Tagen hat mir jemand gesagt, als ich ihn mit „Grüß Gott" begrüßt habe: „Du kommst wohl aus Bayern!", weil man hier „Guten Tag" sagt. (neulich – denn)
6. So sage ich jetzt auch immer „Guten Tag", wenn ich jemanden grüße. (also)

11 trotzdemを使って主文どうしを結びつけ、ひとつの文にしなさい。物事の順序に気をつけること。

1. Es regnet-wir gehen spazieren.
2. Er hatte kein Geld-er war glücklich.
3. Wir haben eine interessante Arbeit-wir sind unzufrieden.
4. Sie isst-sie hat keinen Hunger.
5. Ihr hattet wenig Zeit-ihr seid gekommen.
6. Ich muss arbeiten-morgen ist Sonntag.
7. Das alte Haus wurde abgerissen-es stand unter Denkmalschutz.
8. Das Hemd ist eigentlich ziemlich teuer-sie kauft es.

12 ドイツ語に訳しなさい。

1. 私はまず銀行へ行き、それからCDを買う。
2. 彼はジャズもクラシック音楽も聴くのが好きだ。
3. 彼らはピザを食べるのが好きだ、だから彼らはイタリア料理店へ行く。
4. 今日は雨が降っている、だからサッカー試合は開催されない。
5. その男は探偵か、または警察官だ。
6. 彼女は歯が痛い、それでも彼女は歯医者へ行かない。

4❖3 定動詞第一位
Verb an erster Position

命令文と決定疑問文では，定動詞を文頭に置く。

命令文

文頭　　　　　　　　　　　　　　　文末
Komm bitte hierher!
こっちへきてちょうだい。

Macht doch bitte die Tür　　　zu!
ドアをしめてちょうだい。

Nehmen Sie doch noch etwas zu essen!
もう少し食べ物をおとりください。

▶命令形は52〜54ページ参照

決定疑問文

文頭　　　　　　　　　　　　　　　文末
Gehst du heute Abend mit ins Kino?
今晩，一緒に映画を見に行くかい？

Könntet ihr bitte das Fenster　　öffnen?
君たち，窓をあけてくれる？

Hören Sie gern Musik?
音楽を聴くのは好きですか？

4-4 定動詞の後置 — 従属接続詞と副文
Verb am Satzende

副文は主文と結びついて，主文を補足する。副文の最初には接続詞を置き，定動詞はいつも文末に置く。そのほかの文成分の語順は，主文の中域の原則と同じである。

▶主文の中域　211～213ページ参照

主文			副文		
	2番目	主文の文末		文末	動詞は文末に
Ich	lerne Deutsch,		weil ich in Deutschland	arbeite.	

私はドイツで働いているので，ドイツ語を学ぶ。

| Ich | lerne Deutsch, | weil ich in Deutschland | arbeiten möchte. |

私はドイツで働きたいので，ドイツ語を学ぶ。

| Ich | habe Deutsch | gelernt, | als ich in Deutschland | gearbeitet habe. |

私はドイツで働いていたとき，ドイツ語を学んだ。

副文を文の最初に置くときは，副文をひとつの文成分ととらえ，副文のすぐ後ろに主文の定動詞を置く（定動詞第2位）。

副文		主文		
文頭		2番目		文末
Als ich in Deutschland gearbeitet habe,		habe	ich Deutsch	gelernt.

私はドイツで働いていたとき，ドイツ語を学んだ。

時(の経過)を表す副文

時を表す副文を導く従属の接続詞

同時	非同時
als …したとき	bevor/ehe …の前に
wenn …するとき	nachdem …の後で
während …している間	sobald …したらすぐに
bis …まで	
seit/seitdem …以来	

▶時称は 21～27ページ 参照

同時

als
…したとき

質問：wann?
いつ？

過去の一度限りの出来事・状態を表す際に使う。

■ **Wann** hast du eigentlich in Paris gelebt?
君はそもそも、いつパリに住んでいたの？

□ **Als** ich noch Student war. Weißt du das nicht mehr? まだ学生だった頃だよ。もう忘れてしまったのかい？

wenn
…するとき

質問：wann?

現在と未来の、一度限りの行動を表すときに使う。過去に繰り返した行動を表すときにも使う。(jedesmal や immerと共に用いることが多い。)

■ **Wenn** ich das nächste Mal nach Paris fahre, bring' ich dir einen besonders guten Rotwein mit.
今度パリに行くときは、君に特別上質の赤ワインを持って帰るよ。

□ Oh, das wäre sehr nett. Hast du denn noch Freunde in Paris?
おや、それは気が利くなあ。パリにはまだ友達はいるの？

■ Ja klar. Jedesmal **wenn** ich nach Paris gefahren bin, habe ich sie besucht.
もちろんさ。パリへ行ったときにはいつも、彼らを訪問したよ。

während
…している間
質問：wann?

現在・過去・未来のことに使うことができ、同時に進行する２つの行動を表す。主文と副文の時称は同じ。

■ Kann ich dir irgendetwas helfen? 何か手伝おうか？

□ Ja, das wäre sehr nett. **Während** ich das Essen warm mache, könntest du vielleicht schon den Tisch decken.
ええ、それは助かるわ。私が食事を温めている間に、テーブルに食器を並べてくれるかしら。

bis
…するまで
質問：bis wann?
いつまで？
wie lange?
どのぐらい（の時間）？

行動が終わる時点を表す。

■ Mama, darf ich mitkommen? ママ、一緒に行ってもいい？

□ Nein, du wartest im Auto, **bis** ich zurückkomme. Ich bin gleich wieder da.
だめよ、私が戻って来るまで、車の中で待っているのよ。私はすぐに戻るから。

seit/seitdem
…以来

質問：Seit wann?
いつ以来？

seit/seitdem を用いた副文は，何かが始まった時点を表す。

■ **Wie geht es Ihnen?** 調子はいかがですか？

□ Danke, gut. **Seitdem** ich nicht mehr soviel arbeite, geht es mir viel besser.
ありがとう，良いですよ。あまりたくさん働かなくなって以来，調子はだいぶ良くなりました。

alsとwenn

Als ich ein Kind war, habe ich jeden Tag Tennis gespielt.
(*When I was a child I played tennis every day.*)
子供時代は過去における一度きりの状態なので，wennではなく als を使います。

非同時
bevor/ehe
…する前に

質問：wann?

主文における行動は，副文における行動の前になされるが，主文と副文の時称は同じであることが多い。

Also, um wie viel Uhr kommst du morgen?
それじゃあ，君は明日，何時に来る？

Ich weiß es noch nicht genau. Aber ich kann dich ja kurz anrufen, **bevor** ich zu Hause losfahre.
まだはっきりわからない。でも，家を出て出発する前に，手短に君に電話をすることが出来るよ。

過去の行動・出来事を表すときに用いる。

■ Warum bist du denn gestern Abend nicht mehr zu uns gekommen?
どうして昨晩，私たちのところにもう来なかったの？

□ Ich war einfach zu müde. **Nachdem** ich den ganzen Tag am Computer gearbeitet hatte, taten mir die Augen weh, und ich wollte nur noch ins Bett.
私はあまりにも疲れていたんだ。一日中コンピュータで仕事をした後，目が痛くて，ただもうベッドに入りたかったんだ。

nachdem …した後で 質問：wann?	時称：（副文）過去完了 ＋（主文）過去形 話し言葉では，主文で過去形のかわりに現在完了形を用いることが多い。 ■ **Kannst du dich denn schon auf Deutsch unterhalten?** 君はそれなら，もうドイツ語で会話が出来るの？ □ **Ein bisschen. Nachdem ich diesen Sprachkurs beendet habe, kann ich hoffentlich genug Deutsch, um mich mit Deutschen zu unterhalten.** 少しだけね。この語学コースを修了した後で，ドイツ人と会話をするのに十分なドイツ語が話せるといいんだけれど。
sobald …したらすぐに 質問：wann?	時称：（副文）現在完了形 ＋（主文）現在形 nachdemと同じか，または主文と副文の時称を同じにする。 ■ **Kommst du nicht mit uns?** 私たちと一緒に来ないの？ □ **Doch, aber ich muss noch auf meine Tochter warten. Sobald sie da ist, kommen wir nach.** そんなことないよ，でもまだ娘を待たなくてはならないんだ。彼女が来たらすぐに，私たちは後から行くよ。

> **1ポイントレッスン**
>
> nachdem を使った副文の時称に注意しましょう。
> ○ **Nachdem er gefrühstückt hat, geht er zur Arbeit.**
>   朝食をとった後，彼は出勤する。
> × **Nachdem er frühstückt, geht er zur Arbeit.**
> 通常，nachdem が導く副文の内容は，主文の内容より時間的に前の事柄です。

理由を表す **weil** …だから	warum? に対する答えとして用いることができる。 ■ **Warum kommst du denn nicht mit ins Kino?** どうして一緒に映画を観に行かないの？ □ **Weil ich keine Zeit habe. Ich muss noch arbeiten.** 時間がないからだよ。まだ仕事をしなくてはならないんだ。

da …なので	■ Was haben Sie am Wochenende gemacht? 週末には何をしましたか？ □ Nichts Besonderes. **Da** das Wetter schlecht war, bin ich fast die ganze Zeit zu Hause geblieben und habe gelesen oder ferngesehen. これといって何もしていません。天気が悪かったので，ほとんど四六時中家にいて，読書をしたりテレビを見たりしていました。
weilとdaの使い分け	weil は聞き手が知らない理由を，da は聞き手が知っている理由を挙げるときに使う。
条件文 wenn 条件	■ Kommst du am Samstag mit zum Europapokal-Endspiel? 土曜日にヨーロッパ杯の決勝戦を一緒に見に行くかい？ □ Ja gern, **wenn** es noch Karten gibt. ええ，まだチケットがあるならぜひ。
falls （そうできるかどうかはっきりわからない場合の）条件	■ **Falls** du heute Abend doch noch kommst, bring bitte eine Flasche Wein mit. もし今晩，やっぱり来る場合は，ワインを一本持ってきてちょうだい。 □ Ja, mach' ich. うん，そうするよ。
譲歩 obwohl …にもかかわらず	ふつう予想されることとは逆のことがらを表す。 Er ist zur Arbeit gegangen, **obwohl** er krank ist. 彼は病気にも関わらず，仕事に行った。 この文と同じ内容の文を，trotzdem を用いてふたつの主文で表すことができる。 Er ist krank. **Trotzdem** geht er zur Arbeit. 彼は病気だ。それなのに彼は仕事へ行く。 ▶ 200〜201, 216ページ 参照

意図や目的を表す

damit/um ... zu 不定詞
…するために，…であるように

■ Musst du denn jetzt noch telefonieren? Unser Zug fährt doch gleich!
今からまだ電話しなくてはならないの？ 私たちが乗る列車がもうすぐ出発するわよ！

□ Ich muss schnell meine Eltern anrufen, **damit** sie uns vom Bahnhof abholen.
私たちを駅に迎えに来てくれるように，ちょっと両親に電話しなくてはならないんだ。

■ Warum bist du in Deutschland? なぜ君はドイツにいるの？
□ **Damit** ich besser Deutsch lerne./**Um** besser Deutsch **zu lernen**. もっとよくドイツ語を勉強するために。

結果を表す

so dass
それで，その結果

■ Du wolltest doch gestern noch schwimmen gehen?
君は昨日，あれからまだ泳ぎに行くつもりだったのでしょう？

□ Ja, eigentlich schon. Aber am Abend wurde es ziemlich kalt, **so dass** ich keine Lust mehr hatte.
うん，本来はそのつもりだった。でも晩にはかなり寒くなって，もう行く気がなくなったんだ。

so ... dass
形容詞を強調
…なので…である

■ Du wolltest doch gestern noch schwimmen gehen?
□ Ja, eigentlich schon. Aber am Abend wurde es **so** kalt, **dass** ich keine Lust mehr hatte.
うん，本来はそのつもりだった。でも晩にはあまりにも寒くて，もう行く気がなくなったんだ。

ohne dass/
ohne ... zu不定詞
…することなしに

■ Warum ist Ilse denn so traurig?
なぜイルゼはそんなに悲しいの？

□ Ihr Freund ist weggefahren, **ohne dass** er sich von ihr verabschiedet hat.
彼女のボーイフレンドが，お別れを言わずに出発してしまったからよ。

= Ihr Freund ist weggefahren, **ohne** sich von ihr **zu** verabschieden.

様態を表す	
wie	■ **Wie** war euer Urlaub in Portugal? ポルトガルでの君たちの休暇はどうだった？
質問：wie? どのような？	□ Sehr schön. Alles war genau **so**, **wie** wir es erwartet hatten. とても良かったよ。すべてが、私たちが期待していたとおりだった。
so... wie	事実が期待通りのものだったことを表す。
als …よりも	■ Wie war denn euer Urlaub in Portugal? ポルトガルでの君たちの休暇はどうだったんだい？
	□ Wunderbar. Es war noch schöner, **als** wir es erwartet hatten. すばらしかったわ。私たちが期待していたよりも、もっと素敵だったわ。
	形容詞の比較級＋alsで、事実と予想の違いを表す。
je ... desto/umso …すればするほど…である	（副文）je＋形容詞の比較級＋（主文）desto/umso＋形容詞の比較級 **Je** schneller ich mit dem Auto fahre, **desto** mehr Benzin verbraucht es. 私が車で速く走れば走るほど、（車は）より多くのガソリンを必要とする。
	wieとalsは主文と副文を結びつけるだけではなく、単語や文成分どうしを結びつけることもできる。
▶形容詞の比較 114〜115ページ	Ich bin so groß **wie** du.　私は君と同じくらい背が高い。 Ich bin größer **als** du.　私は君よりも背が高い。
対立を表す	期待に反する行い。
[an] statt dass / [an] statt ... zu …するかわりに *zu 不定句を使うほうがよい。	Kannst du mir bitte ein bisschen helfen, **anstatt dass** du den ganzen Tag nur fernsiehst?* Kannst du mir bitte ein bisschen helfen, **anstatt** den ganzen Tag nur fern**zu**sehen? 一日中テレビを見ているかわりに、少し私を手伝ってくれない？
dass, ob を用いる副文	dassとobには、これまで見てきたような接続詞ほどの強い意味はなく、主文と副文を結びつける役目を持つ。

dass …ということ	Ich wusste nicht, **dass** du heute Geburtstag hast. 主文　　　　　　　副文 君が今日，誕生日だということを，私は知らなかった。
ob …かどうか	■ Kommst du heute Abend mit ins Kino? 今晩，一緒に映画を見に行くかい？ □ Ich weiß noch nicht, **ob** ich Zeit habe. 　　主文　　　　　　　副文 時間があるかどうか，分からないわ。

1 副文で始まる文に書き換えなさい。

1. Ich hatte noch kein Fahrrad, als ich so alt war wie du.
   Als ich so alt war wie du, hatte ich noch kein Fahrrad.
2. Ich muss noch schnell die Wohnung aufräumen, bevor meine Eltern kommen.
3. Du könntest doch schon mit dem Geschirrspülen anfangen, während ich das Bad putze.
4. Du bist schrecklich nervös, seitdem sie angerufen haben.
5. Ich habe mir erst einmal ein Glas Wein geholt, nachdem sie angerufen hatten.
6. Ich habe nie geglaubt, dass sie mich wirklich besuchen wollen, bis ihr Anruf am Samstagabend kam.
7. Sie haben mich nie besucht, als ich in London gelebt habe.
8. Wir haben immer im selben Hotel gewohnt, wenn wir in Paris waren.

2 空欄に als か wenn を補いなさい。

1. _____ wir letztes Jahr im Urlaub in Schweden waren, hatten wir großes Glück mit dem Wetter.
2. _____ die Sonne schien, machten wir immer lange Wanderungen, und _____ es regnete, blieben wir zu Hause.
3. Eines Tages, _____ schon morgens die Sonne schien, gingen wir ohne Regenjacken los. Nachdem wir circa drei Stunden gewandert waren, bewölkte sich der Himmel immer mehr, so dass wir zurückgingen.
4. Wir beeilten uns sehr, aber _____ wir kurz vor dem Hotel waren, fing es fürchterlich an zu regnen.
5. Es ist doch immer wieder dasselbe: _____ wir unsere Regenjacken mitnehmen, scheint garantiert den ganzen Tag die Sonne, aber _____ wir sie einmal zu Hause lassen, regnet es mit Sicherheit!
6. So war es auch, _____ wir vor zwei Jahren in Island waren.

3   als, wenn, immer wenn, jedesmal を使い，過去形の文を作りなさい。als でも wenn でも可能な場合は，意味の相違に注意しなさい。

1. Kind sein – Lokomotivführer werden wollen
   Als ich ein Kind war, wollte ich Lokomotivführer werden.
2. noch kein Auto haben – viel zu Fuß gehen
3. krank sein – Mutter mir viele Bücher vorlesen
4. im Krankenhaus liegen – viel mit den anderen Kindern spielen
5. Großmutter zu Besuch kommen – uns Schokolade mitbringen
6. zur Schule gehen – nie Hausaufgaben machen wollen
7. in Urlaub sein – Vater viel mit mir spielen
8. in Italien sein – viel Eis essen

4   während を使って文を作りなさい。können を主文で使いなさい。

1. Koffer packen – auf der Bank Geld wechseln
   Während ich die Koffer packe, könntest du schon auf der Bank Geld wechseln.
2. tanken – Autofenster waschen
3. Reiseproviant vorbereiten – Küche aufräumen
4. Hotel suchen – auf das Gepäck aufpassen
5. duschen – die Koffer ausräumen
6. einen Parkplatz suchen – schon ins Restaurant gehen

5   bis か seitdem を使って文章を作りなさい。

1. gut Deutsch können – noch viel lernen
   Bis ich gut Deutsch kann, muss ich noch viel lernen.
2. in Deutschland leben – Sprachschule besuchen
3. mit der Arbeit beginnen – noch Deutsch lernen müssen
4. einen neuen Lehrer haben – gar nichts mehr verstehen
5. mit diesem Buch lernen – besser die Grammatik verstehen

6. gut Deutsch können – verrückt werden
7. eine neue Wohnung haben – glücklicher sein
8. ich sie kennen – Leben viel schöner sein

6 sobaldを使って短い対話を作りなさい。

Kind	ins Schwimmbad gehen	*Vater*	Schuhe ausziehen etwas essen
	Rad fahren mit mir spielen		Hände waschen Zeitung lesen
	Eis essen gehen malen		Schreibtisch aufräumen
	in den Park gehen		Mittagsschlaf machen

☐ Papa, wann spielst du denn endlich mit mir?
■ Sobald ich die Zeitung gelesen habe. …

7 als か nachdem を空欄に補いなさい。

1. ☐ Waren Sie am Samstag in der Oper?
   ■ Leider nicht, _____ wir eine Stunde an der Kasse gewartet hatten, hat der Mann vor uns die letzten zwei Karten gekauft, und wir mussten nach Hause gehen.
2. ☐ Wie alt warst du, _____ du das erste Mal ohne deine Eltern in Urlaub gefahren bist?
   ■ Da war ich ungefähr 16.
3. ☐ Hallo, da seid ihr ja endlich! Warum habt ihr so lange gebraucht?
   ■ Wir haben uns total verfahren. Aber _____ wir uns schließlich einen Stadtplan gekauft hatten, haben wir den richtigen Weg schnell gefunden.
4. ☐ Wie hast du dich gefühlt, _____ du endlich wieder zu Hause warst?
   ■ Einfach wunderbar!
5. ☐ Wo haben Sie so gut Deutsch gelernt?
   ■ Eigentlich in der Schule. Aber wirklich gut sprechen konnte ich erst,

_____ ich sechs Monate in Hamburg gelebt hatte.

6. ☐ Woher kennt ihr euch eigentlich?
   ■ _____ wir Kinder waren, haben wir im selben Dorf gewohnt.

8 空欄に与えられた接続詞を補いなさい。ただし als は 2 回使用のこと。

| als | wenn | während | nachdem | bevor | sobald | bis | seitdem |

Warten

Seit Montag wartete er auf diesen Moment. Alles war vorbereitet. _____ er noch einmal mit prüfendem Blick durch die Zimmer ging, überlegte er, ob er Musik auflegen sollte. Klassische Musik vielleicht. Zum Glück bin ich mit allem rechtzeitig fertig geworden, dachte er, _____ er zum wiederholten Mal an diesem Abend auf die Uhr geschaut hatte. Er erwartete sie um 20 Uhr, also in fünf Minuten.

Das Warten erschien ihm unerträglich. _____ er unten auf der Straße ein Auto vorfahren hörte, wurde er unruhig. Es blieb stehen. _____ der Fahrer den Motor abgestellt hatte, hörte er laute Stimmen. Zwei oder drei Personen sprachen fast zur gleichen Zeit, so dass er nur einen Teil des Dialogs verstehen konnte. „Warum hast du das nicht gesagt, _____ wir losgefahren sind", sagte eine Frau ärgerlich. Und der Mann antwortete: "Das habe ich ja, aber immer _____ ich mit diesem Thema beginne, läufst du weg und hörst mir nicht mehr zu". Mit diesen Worten betraten sie das Wohnhaus nebenan.

Bis jetzt war er noch ruhig geblieben, aber langsam wurde er nervös. Es war bereits nach 20 Uhr. Warten, warten … Wie lange musste er das noch ertragen, _____ er sie endlich sehen würde. Solange er nicht wusste, wie dieser Abend sich entwickeln würde, konnte er unmöglich ruhig und gelassen sein.

_____ das Telegramm am Montag ihre Ankunft angekündigt hatte, konnte er sich auf nichts mehr richtig konzentrieren. Nur während der Arbeitszeit gelang es ihm, die Erinnerungen kurze Zeit hinter sich zu lassen, aber am Abend zu Hause dachte er nur an die alten Zeiten.

Wieder bog ein Auto um die Ecke und hielt vor dem Haus. Er lauschte. Einen

Moment lang hoffte er, dass es jemand anderes wäre. Auf einmal hatte er Angst, Angst vor dem langersehnten Augenblick. _____ er sie dann sah …

9 weilを使って文をつなぎなさい。

1. Ich gehe jetzt nach Hause. Ich bin müde.
   Ich gehe jetzt nach Hause, weil ich müde bin.
2. Der Film hat mir nicht gefallen. Er war so brutal.
3. In dieses Restaurant gehe ich nicht mehr. Es ist zu teuer.
4. Nein danke, ich trinke keinen Wein mehr. Ich muss noch Auto fahren.
5. Ich gehe jetzt ins Bett. Ich muss morgen früh aufstehen.
6. Wir essen kein Fleisch. Es schmeckt uns nicht.

10 与えられた語句を並べかえて文を完成させなさい。

1. ihre – Frau Bauer – weil – ist – unglücklich – weggelaufen – Katze – ist
2. freut – hat – Toni – sich – Prüfung – weil – bestanden – er – die
3. kauft ein – da – Supermarkt – dort – am billigsten – alles – im – sie – ist
4. Bett – sie – müde – weil – Anna – ins – geht – ist
5. am Wochenende – krank – weil – ich – nicht – ich – bin – mitgekommen – war
6. es – Olivenöl – weil – wir – am besten – nur – ist – nehmen – zum Kochen

11 接続詞を使って 2 つの文をつなぎなさい。

1. Gehen Sie jetzt spazieren? Dann sollten Sie einen Regenschirm mitnehmen.
   Wenn Sie jetzt spazieren gehen, sollten Sie einen Regenschirm mitnehmen.
2. Kauft Hans sich schon wieder einen Ferrari? Dann hat er aber sehr viel Geld.
3. Streitet ihr schon wieder? Dann geht ihr sofort ins Bett.
4. Brauchst du noch Geld? Dann ruf mich einfach an.
5. Haben Sie noch etwas Zeit? Dann schreiben Sie bitte noch schnell diesen Brief.
6. Haben Sie immer noch Schmerzen? Dann nehmen Sie eine Tablette mehr pro Tag.

12 対話を完成させなさい。

1. ☐ Kommst du mit ins Schwimmbad?
   ■ Ja gern, wenn *ich mit der Hausaufgabe fertig bin.*
2. ☐ Fahren Sie nächstes Jahr im Urlaub wieder nach Brasilien?
   ■ Ja, wenn ... *genug Geld haben*
3. ☐ Schmeckt Ihnen bayerisches Essen?
   ■ Ja, wenn ... *nicht so fett sein*
4. ☐ Suchst du dir wieder einen Job als Babysitter?
   ■ Ja, wenn ... *keine andere Arbeit finden*
5. ☐ Mama, darf ich noch zu Anna zum Spielen gehen?
   ■ Ja, wenn ... *nicht zu spät nach Hause kommen*
6. ☐ Kommst du am Samstag mit zum Fußballspiel ins Olympiastadion?
   ■ Ja, wenn ... *noch Karten bekommen*
7. ☐ Singst du gern?
   ■ Ja, besonders wenn ... *in der Badewanne liegen*

13 意味が通るように左と右の文を結んで文を完成させなさい。

1. Frau Mutig geht allein in den Wald,
2. Er kauft sich ein neues Fahrrad,
3. Sie geht nicht zum Arzt,
4. Sie isst nie Obst,
5. Sie haben nur eine kleine Wohnung,
6. Er geht mit seiner Frau ins Theater,

a obwohl es so gesund ist.
b obwohl er lieber ins Kino gehen würde.
c obwohl sie fünf Kinder haben.
d obwohl es schon dunkel ist.
e obwohl sie krank ist.
f obwohl sein altes noch in Ordnung ist.

14 13で作った文を obwohl に導かれる副文で始まる文に書き換えなさい。

1. Obwohl es schon dunkel ist, geht Frau Mutig allein in den Wald.
   …

15 疑問文を作りなさい。

Fußball spielen spazieren gehen	schönes Wetter gefährlich
schon nach Hause gehen	es regnet nicht spät
allein nach New York fliegen	kein Geld haben es schneit
fernsehen Auto kaufen	

Willst du wirklich spazieren gehen, obwohl es so stark regnet?
…

16 例にならって質問に答えなさい。

1. Warum lernst du Deutsch? *in Deutschland studieren können*
   Ich lerne Deutsch, um in Deutschland studieren zu können.
2. Wozu brauchen Sie denn alle diese Werkzeuge? *Auto reparieren*
3. Wozu brauchst du denn einen Computer? *damit spielen*
4. Warum warst du am Wochenende schon wieder in Wien? *Freundin besuchen*
5. Warum stellst du nur immer so viele Fragen? *dich ärgern*
6. Warum machst du so viele Übungen in diesem Buch? *Grammatik üben*

17 damit か um ... zu を使って2つの文をつなげなさい。

1. Er spart sein Taschengeld. Er möchte sich ein Videospiel kaufen.
   Er spart sein Taschengeld, um sich ein Videospiel zu kaufen.
2. Die Firma vergrößert ihren Werbeetat. Sie möchte den Verkauf ihrer Produkte erhöhen.
3. Die Banken erhöhen die Zinsen. Die Bürger müssen mehr sparen.
4. Die Regierung beschließt, die Staatsschulden zu verringern. Sie will die Inflation bekämpfen.
5. Die Eltern bauen ihr Haus um. Ihr Sohn kann darin eine eigene Wohnung haben.
6. Er geht ganz leise ins Schlafzimmer. Seine Frau soll nicht aufwachen.
7. Ich habe in mein Auto einen Katalysator einbauen lassen. Ich kann mit bleifreiem Benzin fahren.
8. Er lernt eine Fremdsprache. Er möchte eine bessere Arbeit finden.

18 so dass か so ... dass を使って、2つの文をつなげなさい。

An Weihnachten クリスマスに

1. Die Kinder waren sehr aufgeregt. Sie konnten gar nicht mehr ruhig sitzen.
   Die Kinder waren so aufgeregt, dass sie gar nicht mehr ruhig sitzen konnten.
2. Die Kinder haben gebastelt. Sie hatten für jeden in der Familie ein kleines Geschenk.
3. Die Kinder haben ihrer Mutter beim Backen geholfen. Sie konnten schon die Plätzchen probieren.
4. Der Vater hatte vorher viel gearbeitet. Er konnte nach Weihnachten ein paar Tage frei nehmen.
5. Die Großmutter kam zu Besuch. Sie musste die Feiertage nicht allein verbringen.
6. Der Weihnachtsbaum war groß. Sie brauchten zum Schmücken eine Leiter.

19 ohne ... zu を使って、文を完成させなさい。

1. wegfahren – sich nicht verabschieden
   Er fuhr weg, ohne sich zu verabschieden.
2. später kommen – nicht vorher anrufen
3. jemandem weh tun – sich nicht entschuldigen
4. laute Musik hören – nicht an die Nachbarn denken
5. jemanden beleidigen – es nicht merken
6. mein Fahrrad nehmen – nicht vorher fragen
7. vorbeigehen – nicht grüßen
8. aus dem Haus gehen – die Schlüssel nicht mitnehmen

20 wie か als を使って，左右の文をつなげなさい。

1. Das Ergebnis der Verhandlung war besser,
2. Am Oktoberfest wurde so viel getrunken,
3. Dieser Computer ist nicht so gut,
4. Er kocht besser
5. Wir mussten für die Reise weniger zahlen,
6. Sie schwimmt schneller,

a ich gedacht habe.
b im Allgemeinen angenommen wird.
c ihre Konkurrenten befürchtet haben.
d wir erwartet hatten.
e im vergangenen Jahr.
f im Prospekt stand.

Das Ergebnis der Verhandlung war besser, als wir erwartet hatten.
…

21 質問に答えなさい。2通り答えなさい

wie/als ich gedacht hatte
wie/als ich angenommen hatte
wie/als ich geglaubt hatte
wie/als ich gehofft hatte

wie/als ich erwartet hatte
wie/als ich vermutet hatte
wie/als ich befürchtet hatte

1. War das Fußballspiel gut?
   Es war besser, als ich gehofft hatte.
   Es war nicht so gut, wie ich gehofft hatte.
2. Waren die Eintrittskarten schnell verkauft?
3. Ist das Buch spannend?
4. War der Film interessant?
5. Waren viele Leute bei der Veranstaltung?
6. Hast du viele Kollegen auf der Party getroffen?
7. War das japanische Essen gut?
8. War die Bergtour anstrengend?

22 je ... desto/umso を使って文を作りなさい。

Sport machen	häufig spazieren gehen	
Künstler berühmt werden	viel verdienen	gern arbeiten
Chef nett sein	eine gute Figur bekommen	
lange in England leben	schlecht schlafen	tolerant werden
Kaffee stark sein	gut Englisch sprechen	schönes Wetter sein
wenig essen	alt werden	schlecht gelaunt sein

Je länger ich in England lebe, desto besser spreche ich Englisch.

23 anstatt ... zu を使って文を作りなさい。

mit meiner Freundin spazieren gehen	Hausaufgaben machen	
Fenster putzen	Geschirr spülen	mit dir ausgehen
in den Biergarten gehen	eine Diät machen	
Schokolade essen	arbeiten	Klavier üben
zu Hause bleiben	eine Prüfung machen	
in der Sonne liegen ...	alte Kirchen besichtigen ...	

Ich bleibe lieber zu Hause, anstatt mit dir auszugehen.

24 適切な接続詞を空欄に補いなさい。

Meine Großmutter erzählte uns Kindern Geschichten, ...

1. _____ wir noch klein waren.
2. _____ uns zu unterhalten.
3. _____ wir Zähne geputzt hatten und im Bett lagen.
4. nie _____ etwas Neues zu erfinden.
5. _____ das Wetter schlecht war und wir nicht draußen spielen konnten.

6. _____ wir uns nicht langweilten.
7. _____ uns das so gut gefiel.
8. _____ sie immer viel Arbeit hatte.
9. _____ sie Essen kochte.
10. _____ wir abends ins Bett gingen.

25 クロスワードパズルです。大文字だけをつかってください（Ä=AE）

1. Ich bin heute sehr müde, _____ ich letzte Nacht zu wenig geschlafen habe.
2. Kommen Sie mich doch mal besuchen, _____ Sie Zeit haben!
3. _____ ich einen Mittagsschlaf gemacht habe, ist er spazieren gegangen.
4. _____ sie reich sind, leben sie sehr bescheiden.
5. Warte bitte hier, _____ ich fertig bin.
6. _____ sie weggefahren war, war er sehr traurig.
7. Er ging weg, _____ sich noch einmal umzudrehen.

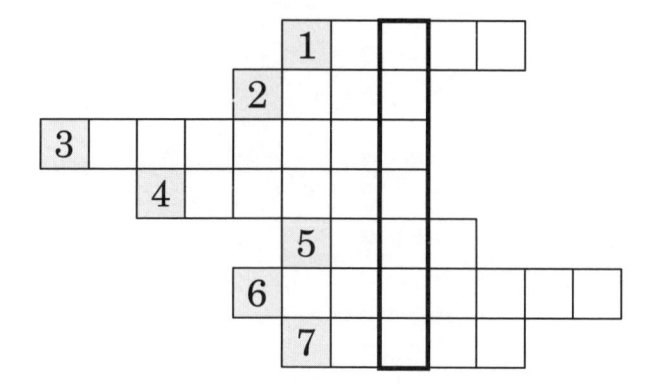

ドイツ語の基本
文法と練習　第2版
2008年3月20日　第1刷発行

著　者 ── モニカ・ライマン
編訳者 ── ダニエル・ケルン
　　　　　福原美穂子
発行者 ── 前田俊秀
発行所 ── 株式会社　三修社
　　　　　〒150-0001　東京都渋谷区神宮前2-2-22
　　　　　TEL 03-3405-4511
　　　　　FAX 03-3405-4522
　　　　　振替 00190-9-72758
　　　　　http://www.sanshusha.co.jp/
　　　　　編集担当　永尾真理
DTP ── 株式会社クゥール・エ
印刷・製本所 ── 萩原印刷株式会社

©2008 Printed in Japan　ISBN978-4-384-03859-0 C1084

R＜日本複写権センター委託出版物＞
本書を無断で複写（コピー）することは、著作権法上での例外を除き、禁じられています。本書をコピーされる場合は、事前に日本複写権センター（JRRC）の許諾を受けてください。
JRRC＜http://www.jrrc.or.jp　eメール：info@jrrc.or.jp
電話：03-3401-2382＞

練習問題
解答

1.1

Übung 1
2. bist
3. bin, werde
4. hat
5. hast
6. werden
7. seid
8. ist
9. werde
10. Haben

Übung 2
2. warst, hatte
3. war, hatten
4. ist … geworden
5. wart, hatten
6. war, Hattet, wurde, wurde

Übung 3
1. musst
2. soll
3. muss
4. sollen
5. soll
6. muss
7. sollen, muss
8. müssen

Übung 4
1. darf
2. Kannst
3. darf
4. Darf
5. können
6. könnt
7. dürfen
8. kann

Übung 5
2. Hier kann man telefonieren.
3. Hier darf man nicht überholen.
4. Hier muss man leise sein.
5. Hier darf man nicht parken.
6. Hier kann man Informationen bekommen.
7. Hier darf man nicht Motorrad fahren.
8. Hier kann/darf man parken.

Übung 6
2. konnte
3. sollen
4. wollten
5. Darf
6. musst

Übung 7
1. kannst, muss, können
2. Können, will/möchte
3. darfst, darf, muss
4. Kann/Darf, möchte
5. müssen, können
6. können, möchte

Übung 8
1. braucht
2. lasst
3. habe … gelassen
4. brauchst
5. hat … lassen
6. brauchen

Übung 9
1. brauchen
2. lassen
3. lässt
4. brauche
5. lassen
6. brauche

Übung 10
1. sollte
2. soll
3. sollen
4. sollt
5. sollte
6. sollst
7. sollen
8. sollen

Übung 11
1. muss nicht
2. Darf nicht
3. darf nicht
4. musste nicht
5. darf nicht
6. musste nicht
7. Müssen nicht
8. darfst nicht

1.2

Übung 1
2. wartet
3. finde
4. fährst
5. weiß
6. bittet
7. grüßt
8. heiratet
9. heißt
10. Gibst

Übung 2
2. Wohin fährst du?
3. Wem hilfst du gern?
4. Wie lange wartest du hier schon?
5. Warum vergisst du das immer wieder?
6. Warum antwortest du nicht?
7. Warum nimmst du mir die Zigaretten weg?
8. Weißt du den Namen?
9. Warum wirst du gleich so böse?
10. Welche Zeitung liest du da?
11. Bist du heute abend zu Hause?
12. Wen lädst du sonst noch ein?

Übung 3
1. sprechen/können, geht
2. ist, fährt, bringe/fahre, ist
3. heiße, heißt, kommst, bist/lebst
4. hilfst, weißt, weiß, fragst, sagt

Übung 4
1. ge —en: gelaufen, geschlossen, gesungen, geliehen
2. ge —t: geschenkt, gesagt, gesucht, geholt, gekauft, gehabt, gewohnt
3. —en: vergessen, geschehen, verstanden, empfohlen, entschieden, gefallen
4. —t: erzählt, bezahlt, probiert, studiert

Übung 5
1. habe
2. haben, bin
3. Habt, hat, haben
4. bist, bin, bin, habe
5. Sind, haben
6. sind, haben

Übung 6
2. Ich habe gemütlich gefrühstückt.
3. Ich habe in Ruhe Zeitung gelesen.
4. Ich habe einen Brief geschrieben.
5. Ich habe einen Mittagsschlaf gemacht.
6. Ich bin spazieren gegangen.
7. Ich bin zum Abendessen mit Freunden ins Restaurant gegangen.
8. Ich habe einen Film im Fernsehen gesehen.

Übung 7
3. Sind Sie mit dem Auto gefahren?
4. Haben Sie etwas Schönes gemacht?
5. Haben Sie Zeitung gelesen?
6. Haben Sie Radio gehört?
7. Haben Sie jemandem geholfen?
8. Sind Sie spazierengegangen?
9. Haben Sie Essen gekocht?
10. Sind Sie geschwommen?
11. Haben Sie eine Liebeserklärung gemacht?
12. Sind Sie Fahrrad gefahren?

Übung 8
2. brachte
3. verband
4. zog ... um
5. fraß

Übung 9
2. suchte
3. kannte, ging
4. empfahl
5. nahm, fuhr
6. packte ... aus, duschte
7. ging, aß, hatte
8. war, ging

Übung 10
2. Weil ich den Schlüssel nicht mitgenommen hatte.
3. Weil meine Eltern es verboten hatten.
4. Weil der Chef mich darum gebeten hatte.
5. Weil die Geschäfte schon geschlossen hatten.
6. Weil ich plötzlich müde geworden war.

Übung 11
2. war ... abgefahren
3. hatte ... gespült
4. hatte ... eingeladen
5. hatte ... aufgehört, war ... geworden
6. waren ... heimgegangen
7. hatte ... beendet
8. vergessen hatte

Übung 12
2. Stehst du immer um 7.00 Uhr auf? – Normalerweise ja, aber heute bin ich um 8.30 Uhr aufgestanden.
3. Fängst du immer um 8.30 Uhr mit der Arbeit an? – Normalerweise ja, aber heute habe ich um 10.00 Uhr angefangen.
4. Isst du immer mittags in der Kantine? – Normalerweise ja, aber heute habe ich ein Sandwich im Büro gegessen.
5. Fährst du immer um 17.00 Uhr nach Hause? – Normalerweise ja, aber heute bin ich um 19.00 Uhr gefahren.
6. Kaufst du immer auf dem Rückweg vom Büro ein? – Normalerweise ja, aber heute bin ich direkt nach Hause gefahren.
7. Triffst du immer abends Freunde? – Normalerweise ja, aber heute bin ich allein zu Hause geblieben.
8. Gehst du immer um 23.00 Uhr ins Bett? – Normalerweise ja, aber heute bin ich um 22.00 Uhr ins Bett gegangen.

Übung 13

2. Gehst du heute Abend mit mir ins Kino?
3. Wie lange machst du im Sommer Urlaub?
4. Wann besuchen Sie mich?
5. Gehen wir morgen spazieren?
6. Gehen wir am Sonntag schwimmen?
7. Fliegen Sie nächstes Jahr wieder in die USA?
8. Gehen wir nach der Arbeit noch ins Café?

1.4

Übung 1

分離：er schaut ... zurück, er geht ... weg, er arbeitet ... mit, er fällt ... aus, er stellt ... vor, er läuft ... weg, er gibt ... zurück, er fliegt ... ab, er schließt ... ein

非分離：er erlaubt, er bezahlt, er bestellt, er misstraut, er entwickelt, er versucht, er vergleicht, es gelingt

Übung 2

2. Sie bereitet das Frühstück vor.
3. Sie räumt den Tisch ab.
4. Sie spült und trocknet das Geschirr ab.
5. Sie kauft Lebensmittel ein.
6. Sie hängt die Wäsche auf.
7. Sie holt die Tochter vom Kindergarten ab.
8. Sie räumt die Wohnung auf.

Übung 3

2. Sie hat das Frühstück vorbereitet.
3. Sie hat den Tisch abgeräumt.
4. Sie hat das Geschirr gespült und abgetrocknet.
5. Sie hat Lebensmittel eingekauft.
6. Sie hat die Wäsche aufgehängt.
7. Sie hat die Tochter vom Kindergarten abgeholt.
8. Sie hat die Wohnung aufgeräumt.

Übung 4

2. Der Arzt hat mir das Rauchen verboten.
3. Wann bist du heute aufgestanden?
4. Habt ihr die unregelmäßigen Verben wiederholt?
5. Sie hat ihr ganzes Geld im Schlafzimmer versteckt.
6. Warum hast du dich noch nicht umgezogen?
7. Nach zwei Stunden hat der Direktor die Diskussion beendet.
8. Meine kleine Tochter hat leider dieses schöne Glas zerbrochen.
9. Papa hat noch nicht angerufen.
10. Wann hat der Film angefangen?

Übung 5

3. beginnen, -
4. räumt, auf
5. Bestell, -
6. rufst, an
7. erzählt, -
8. entscheidet, -

1.5

Übung 1
2. sich
3. mich
4. dich
5. sich
6. uns
7. euch

Übung 2
2. mir
3. dir
4. uns
5. euch
6. dir

Übung 3
1. dir
2. mir
3. dich, mir
4. mir, dir
5. mich, sich
6. sich

1.6

Übung 1
1. –
2. zu
3. zu
4. –
5. –
6. –
7. –
8. –

Übung 2
2. Wir haben nächste Woche Zeit, unsere Freunde zu besuchen.
3. Er will nicht mitkommen.
4. Wir hoffen, ihn noch dazu zu überreden.
5. Leider hat er fast nie Lust zu reisen.
6. Er würde am liebsten immer zu Hause bleiben.
7. Aber wir gehen gern in Paris Kleidung einkaufen.
8. Ich höre das Baby weinen.

1.7

Übung 1
1. Lies/Lest den Text vor!
2. Sei/Seid leise!
3. Mach/Macht das Fenster zu!
4. Schreib/Schreibt die Regel auf!
5. Sprich/Sprecht lauter!
6. Schlag/Schlagt das Buch auf!
7. Sieh/Seht im Wörterbuch nach!
8. Schließ/Schließt die Bücher!
9. Komm/Kommt an die Tafel!

Übung 2
1. Habt
2. Sprich
3. Gib
4. Sei
5. Nimm
6. Antworte

Übung 3
1. Pass … auf
2. Schlaf … ein
3. Fang … an
4. Komm … mit
5. Lad … ein
6. Nimm … mit

Übung 4
1. Beeilt euch
2. Erkundigen Sie sich
3. Entscheide dich
4. Freut euch
5. Bemühen Sie sich
6. Beklag dich

1.8

Übung 1
2. wurden
3. bin ... worden
4. wird
5. werdet
6. wurde
7. werde
8. wurde
9. ist ... worden

Übung 2
2. Die Fehler mussten korrigiert werden.
3. Die Rechnung musste bezahlt werden.
4. Meine Großeltern mussten abgeholt werden.
5. Der Fahrradfahrer musste ins Krankenhaus gebracht werden.
6. Mein Fernsehapparat musste repariert werden.
7. Die Papiere mussten geordnet werden.
8. Das ganze Geschirr musste gespült werden.

Übung 3
2. Hier darf nicht fotografiert werden.
3. Hier darf nicht gebadet werden.
4. Hier muss der Motor abgestellt werden.
5. Hier muss gestoppt/angehalten werden.
6. Hier darf geraucht werden.

Übung 4
2. ..., dass hier nicht fotografiert werden darf.
3. ..., dass hier nicht gebadet werden darf.
4. ..., dass hier der Motor abgestellt werden muss.
5. ..., dass hier gestoppt/angehalten werden muss.
6. ..., dass hier geraucht werden darf.

Übung 5
2. ... den Kindern Kriegsspielzeug geschenkt wird.
3. ... die militärische Aufrüstung nicht beendet werden kann.
4. ... die Kinder nicht zu mehr Toleranz erzogen werden.
5. ... die Rechte der Minderheiten nicht geachtet werden.
6. ... bei Smog das Auto nicht zu Hause gelassen werden muss.

Übung 6
1. von
2. Durch
3. von
4. durch
5. von
6. durch

1.9

Übung 1
2. ... wenn sie mehr Geduld hätten.
3. ... wenn du mich in Ruhe ließest/lassen würdest.
4. ... wenn er mit mir mehr Abende verbringen würde.
5. ... wenn ich nicht so viel arbeiten müsste.

6. ... wenn du abends früher nach Hause kämest/kommen würdest.
7. ... wenn wir häufiger ins Theater gingen/gehen würden.
8. ... wenn ihr noch etwas länger bleiben würdet.

Übung 2
2. hätte ... getan
3. wären ... mitgekommen
4. hätte[n] ... besucht
5. hättet ... gefunden
6. wären ... geflogen
7. wäre ... spazierengegangen
8. hätte ... erzählt

Übung 3
2. Dürfte ich mir Ihren Bleistift leihen?
3. Würden/Könnten Sie mir sagen, wie ich zum Bahnhof komme?
4. Würden/Könnten Sie mir ein Glas Wasser geben?

Übung 4
1. Ich wäre froh, wenn ich so gut Deutsch sprechen könnte wie du.
2. Ich wäre froh, wenn ich eine so große Wohnung hätte wie ihr.
3. Ich wäre froh, wenn ich Goethe auf Deutsch lesen könnte.
4. Ich wäre froh, wenn ich jedes Jahr drei Monate Urlaub machen könnte.
5. Ich wäre froh, wenn ich länger bleiben dürfte.
6. Ich wäre froh, wenn ich zu Fuß zur Arbeit gehen könnte.
7. Ich wäre froh, wenn ich nicht jeden Tag mit dem Auto fahren müsste.
8. Ich wäre froh, wenn ich so viel Geduld hätte wie Sie.

Übung 5 自由作文

Übung 6
1. Wäre ich doch mit der U-Bahn gefahren!/Wenn ich doch mit der U-Bahn gefahren wäre!
2. Hätte ich doch nie geheiratet!/Wenn ich doch nie geheiratet hätte!
3. Hätte ich doch ein besseres Hotel gebucht!/Wenn ich doch ein besseres Hotel gebucht hätte!
4. Hätte ich mich doch wärmer angezogen!/Wenn ich mich doch wärmer angezogen hätte!
5. Wäre ich doch früher aufgestanden!/Wenn ich doch früher aufgestanden wäre!
6. Hätte ich doch einen Regenschirm mitgenommen!/Wenn ich doch einen Regenschirm mitgenommen hätte!

Übung 7
2. ... als ob du die ganze Nacht nicht geschlafen hättest.
3. ... als ob wir die Grammatik wiederholen müssten.
4. ... als ob sie abgenommen hätte.
5. ... als ob sie krank wäre.
6. ... als ob du müde wärest.

Übung 8
2. Hätten, würde
3. wäre, würden
4. wäre
5. hätte, Würden
6. hättest, hätte
7. wäre
8. Würdet

Übung 9
1. d
2. e
3. g
4. f
5. c
6. h
7. a
8. b

1.11

Übung 1
1. d
2. a
3. e
4. b
5. f
6. c

Übung 2
1. Ich habe gestern einen Brief an meine Eltern geschrieben.
2. Anna hat an einem Skikurs teilgenommen.
3. Sie sorgt sehr gut für ihre Kinder.
4. Ich verstehe leider nichts von Physik.
5. Er ist noch finanziell abhängig von seinen Eltern.
6. Er hat sich sehr über seine Arbeit aufgeregt.

Übung 3
1. nach
2. dazu
3. an
4. mit
5. darauf
6. an
7. für
8. Wovon
9. daran
10. aus

Übung 4
2. bei（人）, für（物事）
3. an（病気）, unter（病気以外のこと）
4. über（テーマ）, um（物事）
5. mit（人）, über（テーマ）
6. über（意見）, an（人）

Übung 5
2. Auf
3. Wonach
4. Worüber/Worum
5. An wen
6. Mit wem
7. Worauf
8. Worüber
9. Wovon
10. Wofür
11. Wofür
12. Wovon

Übung 6
1. auf, zu
2. über, mit, über, davon
3. Worüber, an, in, an

Übung 7
2. Woran kannst du dich nicht gewöhnen?
3. Worüber denkst du nach?
4. Wofür entschuldigst du dich?
5. An wen denkst du?
6. Auf wen kannst du dich verlassen?
7. Worauf wartest du?

Übung 8
1. bei, deinem neuen, danach, an welchem
2. auf meine
3. daran, nach
4. vom
5. mit deinem, über deine
6. darüber, in einen anderen
7. von Ihrem letzten

Übung 9
1. 彼は，彼の結婚生活について大いに考え込んでいる。
2. 親は子供の面倒をみるべきものである。
3. うらやましい！
4. ああ私の初恋，いまになっても思い出さずにはいられない！
5. 私の飼い猫が病気で，私はそれ（猫）のことが心配だ。
6. 日本の経済状況についてあなたはどう思われますか？
7. 私の妹はまだ小さいので，私は彼女の面倒を見る。
8. 私は，魅力的な夫のいる私の親友がうらやましい。

2.1

Übung 1
der: Elefant, Nachmittag, Cognac, Freund, Busfahrer, Morgen, Norden, Bauer, Februar, Frühling, Freitag, Wein, Schnee
die: Frau, Chefin, Schülerin, Asiatin, Münchnerin, Lehrerin, Schrift, Rose, Mutter

Übung 2
der Koffer, die Bäckerei, die Einsamkeit, der Terror, der Reaktor, das Zentrum, der Kommunismus, die Schwierigkeit, das Argument, die Situation, die Religion, das Dokument, der Direktor, das Mädchen, die Dose, die Bücherei, die Mehrheit, der Fremdling, die Achtung, die Gesellschaft, das Tischlein, die Figur, das Monument

Übung 3
die Kaffeetasse, das Telefonbuch, die Einbahnstraße, der Regenschirm, die Brieftasche, das Kinderbett, die Autowerkstatt, die Jugendliebe

Übung 4
2. die Natur
3. das Bier
4. die Schönheit
5. der Abend
6. die Wissenschaft

Übung 5
2. die
3. der
4. das
5. der
6. der
7. die
8. die

Übung 6
2. die Ergebnisse
3. die Studentinnen
4. die Lehrer
5. die Firmen
6. die Schlösser
7. die Anfänge
8. die Situationen

Übung 7
2. Mäuse
3. Freunde
4. Veränderungen
5. Berge
6. Fotos
7. Direktorinnen
8. Priester
9. Bäume
10. Rahmen
11. Sofas
12. Physiker
13. Blumen
14. Mädchen

Übung 8
Damen, Herren, Kundinnen, Kunden, Sonderangebote
Damen, Röcke, Blusen, Jacken, Schuhe
Herren, Krawatten, Seidenhemden, Ledergürtel, Pullover
Kleinen, Hosen, T-Shirts, Badeanzüge, Sommerhüte

Übung 9
1. -en
2. –
3. -en
4. –
5. -n
6. -n

Übung 10
1. –
2. -innen
3. -s
4. –
5. -n
6. –

Übung 11
Marias Mann arbeitet bei Siemens.
Dr. Müllers Büro ist im 2. Stock.
Deutschlands bester Pianist heißt …
Thomas' Motorrad war teuer.
Mozarts Geburtshaus steht in Salzburg.
Frankreichs Hauptstadt ist Paris.
Angelas Freundin ist sehr hübsch.

Übung 12
1. -n
2. -en
3. -en
4. -en
5. -en, -en
6. -n, -n

Übung 13
Grieche, -n/Griechin, -nen
Europäer, –/Europäerin, -nen
Türke, -n/Türkin, -nen
Österreicher, –/Österreicherin, -nen
Spanier, –/Spanierin, -nen
Russe, -n/Russin, -nen
Asiate, -n/Asiatin, -nen
Holländer, –/Holländerin, -nen
Portugiese, -n/Portugiesin, -nen
Amerikaner, –/Amerikanerin, -nen

Pole, -n/Polin, -nen
Franzose, -n/Französin, -nen
Schweizer, –/Schweizerin, -nen
Italiener, –/Italienerin, -nen
Japaner, –/Japanerin, -nen

2.2

Übung 1
2. -en
3. -e
4. -er, -en
5. -e, -en
6. -em, -e
7. -e
8. -e
9. –
10. -en

Übung 2
単数・男性・中性名詞
ihr/sein/ihr（複数）：
Fußball, Sofa, Taschenmesser, Auto, Computer, Regenschirm, Halstuch, Fernseher, Poster, Haus, Teppich

単数・女性名詞，複数
ihre/seine/ihre（複数）：
Haarbürste, Handtasche, Kassette, Stühle, Katzen

Übung 3
1. ihre
2. seinen
3. euer
4. Unser
5. deine
6. ihre
7. Mein
8. Seine
9. eure, unsere
10. meine

Übung 4
1. der
2. einen, –, dem
3. –
4. –, –
5. –
6. –, das
7. –
8. –, ein
9. –
10. –, –, eine, ein

Übung 5
1. –, –, –/ein, –, eine, –, eine, –, –, ein, –, das
2. –, –, einem, die
3. einem, einer/der, –, das
4. –, die/eine
5. ein, –, ein, –

Übung 6
1. Manche
2. jeden
3. Diese
4. den/diesen
5. den/diesen, manche
6. die, die
7. eine, diese, keinen
8. alle, dieser/der
9. Jeder
10. keinen
11. alle/diese/keine
12. Diesen/Den
13. keinen
14. Den/Diesen

2.3

Übung 1
2. Welche Hose gefällt Ihnen besser, die schwarze oder die blaue?
3. Welche Schuhe gefallen Ihnen besser, die braunen oder die weißen?
4. Welcher Pullover gefällt Ihnen besser, der bunte oder der einfarbige?
5. Welches Hemd gefällt Ihnen besser, das karierte oder das gestreifte?
6. Welcher Mantel gefällt Ihnen besser, der dicke oder der dünne?
7. Welche Taschen gefallen Ihnen besser, die großen oder die kleinen?
8. Welche Jacke gefällt Ihnen besser, die blaue oder die grüne?

Übung 2
1. -e
2. -e
3. -en
4. -e
5. -en
6. -en
7. -en
8. -e
9. -en
10. -e
11. -en
12. -en

Übung 3
1. -er
2. -e
3. -es
4. -e
5. -e
6. -es
7. -es
8. -e

Übung 4
2. Ich schenke ihm eine neue Uhr.
3. Ich schenke ihm einen blauen Pullover.
4. Ich schenke ihm ein deutsches Wörterbuch.
5. Ich schenke ihm einen kleinen Hund.
6. Ich schenke ihm eine große Torte.
7. Ich schenke ihm ein buntes Hemd.
8. Ich schenke ihm eine moderne Krawatte.

Übung 5 自由作文

Übung 6
1. -e, -en
2. -en
3. -es
4. -en, -en
5. -en, -en
6. -en

Übung 7
1. deutsches
2. laute, klassische
3. neue, guten
4. warmen, neuen
5. guten
6. frisches

Übung 8
Hübsche, junge, blonde Frau sucht einen reichen, schwarzhaarigen Akademiker aus guter Familie mit schnellem Auto und dickem Bankkonto.
Attraktiver, jugendlicher Mann, Anfang 50, sucht liebevolle, sportliche Frau (20–30 Jahre alt), die gut kocht und sehr häuslich ist.

Übung 9
規則変化
kleiner/am kleinsten, schneller/am schnellsten, glücklicher/am glücklichsten, schwieriger/am schwierigsten

不規則変化
leichter/am leichtesten, früher/am frühesten, klüger/am klügsten, dunkler/am dunkelsten, teurer/am teuersten, lieber/am liebsten, hübscher/am hübschesten, älter/am ältesten, mehr/am meisten, netter/am nettesten, höher/am höchsten, besser/am besten, lauter/am lautesten, stärker/am stärksten

Übung 10
2. Sei/Seien Sie doch geduldiger!
3. Sei bitte höflicher zur Nachbarin!
4. Geh bitte schneller!
5. Fahr/Fahren Sie bitte langsamer!
6. Helft bitte eurer Mutter!
7. Geh/Gehen Sie doch früher ins Bett!
8. Mach das Radio bitte leiser!

Übung 11
2. leichtere
3. dickeren/wärmeren
4. kürzeren
5. interessanteren
6. besseres
7. weicheres/frischeres
8. besseren

Übung 12
1. am schnellsten
2. wichtigste
3. teuersten, elegantesten
4. neuesten, am liebsten
5. reichste
6. jüngste

Übung 13
2. besten
3. älteste[n]
4. meisten
5. schwierigste
6. jüngste
7. höchste
8. längste

Übung 14
2. Ein Elefant ist dicker als eine Giraffe.
3. Die Wohnungen in München sind ungefähr so teuer wie die Wohnungen in Hamburg.
4. Der ICE in Deutschland fährt so schnell wie der TGV in Frankreich.
5. Das Eis in Italien schmeckt besser als das Eis in Deutschland.
6. Eine Katze ist größer als eine Maus.
7. Paris gefällt mir genauso gut wie Rom./Paris gefällt mir besser als Rom./Rom gefällt mir besser als Paris.
8. Eva schwimmt so schnell wie Angela./Eva schwimmt schneller als Angela.

Übung 15
2. Arbeitslosen
3. Fremde
4. Schlimmste
5. Angestellten
6. Rothaarige
7. Gefangener
8. Schönste
9. Deutschen
10. Anwesenden

Übung 16
Arbeitslose/n, Arbeitslosen
Neugierige, Neugierigen
Intellektuelle/n, Intellektuellen
Verwandte, Verwandte
Blinde/n, Blinde
Anwesender, Anwesende
Böse, Bösen
Bekannter, Bekannte

2.4

Übung 1
2. neunundneunzig Euro dreißig
3. (ein)hundertneunzehn (Schweizer) Franken
4. sechshundertachtzig Euro
5. fünf Euro zwanzig
6. neununddreißig Euro zwanzig
7. zehntausend Yen
8. dreißigtausend Yen
9. hunderttausend Yen
10. eine Million Yen
11. zehn Millionen Yen

Übung 2
2. Es ist acht Uhr dreißig./Es ist halb neun.
3. Es ist fünfzehn Uhr fünfundvierzig./ Es ist Viertel vor vier.
4. Es ist einundzwanzig Uhr fünf./Es ist fünf nach neun.
5. Es ist sechs Uhr vierzig./Es ist zwanzig vor sieben.
6. Es ist neun Uhr fünfzehn./Es ist Viertel nach neun.
7. Es ist elf Uhr zwanzig./Es ist zwanzig nach elf.
8. Es ist ein Uhr fünfzehn./Es ist Viertel nach eins.
9. Es ist sieben Uhr fünfundfünfzig./Es ist fünf vor acht.
10. Es ist zweiundzwanzig Uhr zehn./Es ist zehn nach zehn.

Übung 3
2. Am einundzwanzigsten Dritten sechzehnhundertfünfundachtzig.
3. Am fünften Neunten siebzehnhundertvierundsiebzig.
4. Am ersten Vierten achtzehnhundertfünfzehn.
5. Am zehnten Zweiten achtzehnhundertachtundneunzig.

Übung 4
2. einunddreißigsten Zwölften
3. dreißigsten Siebten
4. zweiundzwanzigsten Zweiten neunzehnhundertfünfundsechzig
5. neunzehnhundertsechsundneunzig
6. Vierte
7. Zwölften
8. ersten Achten … vierundzwanzigsten Achten

Übung 5
1. zwei Kilo, ein Pfund
2. zwei Meter, ein Meter zwanzig
3. Montags
4. doppelt
5. viermal
6. fünf Prozent
7. minus zehn Grad
8. drei Liter
9. Morgens, nachmittags
10. jahrelang
11. dritter
12. ein Drittel

2.5

Übung 1
2. Sie
3. Sie
4. Es
5. ich
6. Wir
7. Du, sie
8. ihr

Übung 2
Wo ist denn meine Tasche? Ich finde sie nicht.
Wo ist denn mein Geld? Ich finde es nicht.
Wo sind denn meine Schuhe? Ich finde sie nicht.
Wo ist denn mein Mantel? Ich finde ihn nicht.
Wo ist denn mein Kalender? Ich finde ihn nicht.
Wo ist denn mein Buch? Ich finde es nicht.
Wo sind denn meine Schlüssel? Ich finde sie nicht.
Wo ist denn mein Adressbuch? Ich finde es nicht.
Wo sind denn meine Hunde? Ich finde sie nicht.
Wo ist denn Antonia? Ich finde sie nicht.

Übung 3
1. mir
2. uns
3. euch
4. mir, dir
5. ihr
6. dir

Übung 4
1. sie
2. ihn
3. sie
4. es
5. ihn

Übung 5
Sie, mir, Sie, Sie, Ihnen, Mir, Ich, Sie

Übung 6
2. ein Gasthaus, eins/keins
3. einen Bahnhof, einen/keinen
4. eine Bäckerei, eine/keine
5. ein Kino, eins/keins
6. einen Kinderspielplatz, einen/keinen
7. eine Bank, eine/keine
8. eine Kirche, eine/keine
9. einen Strand, einen/keinen
10. einen Arzt, einen/keinen

Übung 7
2. meiner
3. unseres
4. seine
5. meine
6. meins
7. meiner
8. ihres

Übung 8
2. keins, eins
3. eins, welche
4. einen, einen, welche
5. keine, keine

Übung 9
1. niemand[em]
2. jedem
3. irgendeiner/einer
4. Wer, man
5. Man
6. jemand
7. niemand, irgendeiner
8. jeder, wer
9. jemand
10. einen

Übung 10
1. dieser, meiner, jede, jedes, alle, unserem, Einige
2. Dieser, der, beide, dieser
3. Manche, alle, Diese
4. allen, einige
5. diese, keine
6. eine, deiner

Übung 11
1. wenig
2. alles
3. viel/alles
4. viele
5. wenig
6. nichts
7. wenig
8. alles
9. viel/alles
10. alles, viel

Übung 12
1. Wann
2. Warum
3. Wen
4. Wo
5. Wie
6. Welche
7. Wem
8. Wer

Übung 13
1. Was für ein
2. Welches
3. Welche
4. Was für einen

Übung 14
2. Um wie viel Uhr/Wann kommen die Gäste?
3. Wo wohnt Ihre/deine Freundin?
4. Was möchten Sie/möchtest du lieber?
5. An wen denken Sie/denkst du noch oft?
6. Wer kommt Sie/euch am Wochenende besuchen?
7. Wen haben Sie/hast du gestern getroffen?
8. Wie heißen Sie/heißt du?
9. Wem haben Sie/habt ihr ein lustiges Buch geschenkt?
10. Wofür/Für wen interessiert sich Ihr/dein Mann gar nicht?

Übung 15
2. ... mit dem sie oft tanzen gehen kann.
3. ... den sie bewundern kann.
4. ... dessen Charakter ihr gefällt.
5. ... mit dem sie viel Spaß machen kann.
6. ... der gern Sport macht.

Übung 16
1. den, der, dem   3. die, die, denen
2. die, die, der

Übung 17
2. Das ist ein Tier, das im Meer lebt.
3. Das ist eine Zeitung, die einmal pro Woche erscheint.
4. Das ist eine Schule, in der man Sprachen lernt/lernen kann.
5. Das ist ein Haus, in dem die Leute Roulette spielen.

Übung 18
1. in die   5. um die
2. wofür   6. an die/woran
3. für die/wofür   7. mit der
4. worüber   8. worüber

Übung 19
1. deren, dessen, dessen
2. dessen, deren
3. deren, dessen, dessen

Übung 20
1. die, deren, in denen, die
2. was, worüber, wofür, was
3. die, in der, wohin/in die, wo/in der
4. was, worüber, wofür, was

5. der, über den, dem („vertrauen' + Dativ!), der

Übung 21
1. in der   7. was
2. was   8. dessen
3. deren   9. was
4. was   10. auf die
5. die   11. woher
6. wo   12. deren

Übung 22
2. –   8. Es
3. –   9. es
4. Es   10. es
5. es   11. es
6. –   12. Es
7. Es

Übung 23
2. Es ist schon spät.
3. Dem Kranken geht es zum Glück wieder gut.
4. Er hat es leider immer eilig.
5. Mir gefällt es nicht, wenn du soviel fernsiehst.

3.1

Übung 1
2. ins – aus dem
3. zum – vom
4. ins – aus dem
5. zur/auf die/in die – aus der
6. in den/zum – aus dem
7. an den – vom
8. auf die – von den
9. in die – aus der
10. in die – aus der

Übung 2
2. Sie war im Büro.
3. Sie war am Kirchplatz.
4. Sie war im Fichtelgebirge.
5. Sie war in/auf der Bank.
6. Sie war im Supermarkt.
7. Sie war am See.
8. Sie war auf den Kanarischen Inseln.
9. Sie war in der Blumenstraße.
10. Sie war in der Oper.

Übung 3
1. in die
2. nach
3. in die
4. nach
5. nach
6. in die
7. nach
8. in die

Übung 4
1. aus dem
2. Von
3. Vom
4. aus dem

Übung 5
1. bei
2. Zur
3. bei
4. zum

Übung 6
1. zu, in die, in, in der, an, in den
2. auf dem, im, im, im, an der, bei, in der, in, am, im, am

Übung 7
2. Er hängt den Mantel an die Garderobe.
3. Die Weingläser stehen im Schrank.
4. Der Atlas liegt auf der Kommode.
5. Warum hängst du die Lampe über den Fernseher?
6. Er legt immer die Zeitung unter das Sofa.
7. Dein Fahrrad steht vor der Haustür.
8. Er räumt nie das Geschirr in die Spülmaschine.

Übung 8
2. … meine Jacke? – Ich habe sie an die Garderobe gehängt. – Sie hängt aber nicht mehr an der Garderobe! – …, wo sie ist.
3. … mein Fußball? – Ich habe ihn in den Keller gelegt. – Er ist /liegt aber nicht mehr im Keller! – …, wo er ist.
4. … meine Schere? – Ich habe sie in die Schublade gelegt. – Sie liegt aber nicht mehr in der Schublade! – …, wo sie ist.

5. ... meine Schlüssel? – Ich habe sie ans Schlüsselbrett gehängt. – Sie hängen aber nicht mehr am Schlüsselbrett! – ..., wo sie sind.
6. ... meine Schuhe? – Ich habe sie unter die Bank gestellt. – Sie stehen aber nicht mehr unter der Bank! – ..., wo sie sind.
7. ... meine Tasche? – Ich habe sie zwischen das Regal und den Schrank gestellt! – Sie ist/steht aber nicht mehr zwischen dem Regal und dem Schrank! – ..., wo sie ist.
8. ... meine Taschenlampe? – Ich habe sie neben das Lexikon gelegt. – Sie liegt aber nicht mehr neben dem Lexikon! – ..., wo sie ist.

Übung 9　自由作文

Übung 10　自由作文

Übung 11
2. In einer Pension in Berlin.
3. Bei Freunden in Japan.
4. Auf einem Schiff im Mittelmeer.
5. In einer Stadt am Rhein.
6. Auf einer Insel im Indischen Ozean.
7. In einem Bungalow an der Südküste von Spanien.
8. In einem Haus in den Alpen.

Übung 12
1. zu
2. in der/auf der
3. in, am
4. in den/auf den
5. am
6. nach
7. in
8. in den, auf
9. In
10. bei
11. Ans, in die
12. zu, um das, auf die

Übung 13
1. seit
2. vor, in
3. Seit, seit
4. –
5. in
6. –, vor
7. Seit, im
8. seit, in

Übung 14
1. in
2. an
3. im
4. im
5. am
6. in der
7. am
8. am

Übung 15
1. nach
2. In
3. In
4. Nach
5. nach
6. nach

Übung 16
1. Seit
2. In
3. Zwischen
4. Beim
5. Von nächster Woche an
6. Zwei Wochen lang.

Übung 17
1. am, Am, seit, am, nach, Am
2. in, Von, bis, Am, am

3. in, am, bis, um, seit
4. bis, gegen

Übung 18
1. Bei
2. in/innerhalb von
3. von, bis
4. vor, bis
5. –
6. –
7. vor
8. während
9. bis
10. über
11. Seit
12. nach

Übung 19
1. ohne
2. aus
3. nach
4. auf
5. mit
6. in
7. nach
8. zum
9. mit
10. Ohne
11. ins
12. mit
13. Im
14. Zum

Übung 20
1. Wegen
2. Aus
3. Bei
4. wegen
5. vor
6. aus
7. Wegen
8. Bei
9. vor
10. Wegen

3.2

Übung 1
1. rauf
2. rein, dorthin
3. raus
4. her
5. rüber
6. rauf, runter
7. raus, rein
8. her
9. (hier)her
10. rauf

Übung 2
1. hinein (rein)
2. nirgendwo/nirgends
3. da/dort
4. rechts
5. von hinten
6. nach drinnen
7. irgendwohin
8. hinauf (rauf)
9. aufwärts
10. vorwärts

Übung 3
2. überallhin
3. hinaus
4. von … oben
5. unten
6. nach vorn
7. fort
8. hierher

Übung 4
2. jetzt/nun/gleich
3. vorhin
4. früher/damals
5. vorher, nachher
6. Bisher
7. später/nachher
8. gerade

Übung 5
2. wenigstens
3. genauso
4. umsonst
5. bestimmt
6. kaum
7. irgendwie
8. fast, sehr, höchstens
9. fast
10. ziemlich

Übung 6
1. Trotzdem/Dennoch
2. Deshalb/Deswegen/Daher/Darum
3. also
4. deshalb/deswegen/daher/darum
5. also/deshalb/deswegen/daher/darum
6. Trotzdem/Dennoch

Übung 7
1. Er lernt fleißig Deutsch, er möchte nämlich in Deutschland studieren.
2. Wir sind sehr spät nach Hause gekommen, der Bus hatte nämlich Verspätung.
3. Im Sommer bin ich immer müde. Der Sommer ist nämlich sehr schwül in Japan.
4. Über dein Geschenk habe ich mich sehr gefreut. Das habe ich mir nämlich schon immer gewünscht.
5. Am liebsten trinke ich deutsches Bier, das schmeckt nämlich am besten.
6. Morgen kann ich ausschlafen. Der Tag des Meeres ist nämlich ein Feiertag.
7. Am Wochenende gehe ich in eine Gemäldeausstellung, Gemälde gefallen mir nämlich in der Kunstwelt am meisten.
8. Entschuldigen Sie bitte, dass ich zu spät komme. Gestern Abend musste ich nämlich mit Kollegen trinken gehen.

4.2

Übung 1
2. Wir würden gern eine neue Wohnung mieten.
3. Er kommt immer zu spät.
4. Sie wurde gestern noch einmal operiert.
5. Morgen früh fahre ich wieder weg.
6. Dieses Jahr möchte unser Sohn nicht mit uns in Urlaub fahren.
7. Wir wären gern noch ein bisschen länger geblieben.
8. Nächste Woche besuche ich dich sicher.

Übung 2
2. Zufällig habe ich heute meinen Lehrer auf der Straße getroffen.
3. In Paris würde ich sehr gern mal arbeiten.
4. Seit drei Monaten habe ich ihn leider nicht mehr gesehen.
5. Zum Geburtstag hat er mir einen sehr schönen Ring geschenkt.

6. In der Nacht hat es mindestens vier Stunden lang geregnet.
7. Leider hat sie mir mein Buch noch nicht zurückgegeben.
8. Zum Abschied haben wir für ihn eine Party organisiert.

Übung 3
2. Ja, ich habe sie ihnen schon zugeschickt.
3. Ja, er hat ihn ihnen weggenommen.
4. Ja, ich habe ihn ihnen schon angeboten.
5. Ja, er hat es ihnen schon vorgestellt.
6. Ja, ich habe ihn ihm schon gebracht.
7. Ja, ich habe es ihm schon gezeigt.
8. Ja, ich habe ihn ihnen schon erklärt.

Übung 4
2. Wir gehen heute Nachmittag mit den Kindern ins Schwimmbad.
3. Wir waren letzten Sommer mit dem Wohnmobil in den USA in Urlaub.
4. Ich würde gern abends mit dir am Fluss spazieren gehen.
5. Sie geht jeden Abend mit ihrem neuen Freund in dieselbe Disco zum Tanzen.
6. Ich fahre nächsten Sonntag wegen der Hochzeit meines Bruders nach Berlin.
7. Ich räume heute Abend nach der Arbeit mit dir die Küche auf.
8. Er hat sich letzte Woche beim Skifahren in der Schweiz erkältet.

Übung 5
2. Ich habe mich beim Chef schon entschuldigt.
3. Er musste gestern vor dem Theater lange auf mich warten.
4. Ich kann dich gern nach Hause fahren.
5. Er hat ihr das Buch schon gebracht.
6. Ich habe mir wegen der Kälte einen warmen Anorak gekauft.
7. Sie hat mir nichts gesagt.
8. Wir sind am Sonntag zum Wandern in die Berge gefahren.

Übung 6
2. Seine Bilder haben mir nicht gut gefallen.
3. Ihre Mutter wird nicht operiert.
4. Er hat sich nicht an mich erinnert.
5. Ich habe das nicht gewusst.
6. Ich kann nicht Tennis spielen.
7. Ich bleibe nicht hier.
8. Du sollst das nicht machen.

Übung 7
2. nicht
3. keinen
4. kein
5. keine
6. nicht
7. keinen, nicht
8. keine
9. nicht
10. keinen

Übung 8
2. Ich kenne sie nicht.
3. Wir gehen nicht heute ins Konzert, sondern morgen.
4. Nicht alle lieben diese Sängerin.
5. Er kann nicht skifahren.

6. Ich gehe nicht mit jedem aus.
7. Ich weiß es nicht.
8. Das versteht nicht jeder.

Übung 9
2. aber, denn
3. sowohl, als auch
4. sondern
5. zwar, aber
6. Entweder, und, oder
7. Weder noch
8. oder, und

Übung 10
1. Früher lebten wir auf dem Land in Oberbayern, jetzt sind wir nach Berlin umgezogen.
2. Meine Kindheit habe ich in Bayern verbracht. Deshalb liebe ich die Berge.
3. Das Leben in einer Großstadt wie Berlin hat für mich eine große Umstellung bedeutet. Trotzdem habe ich mich schnell daran gewöhnt.
4. Hier verwenden die Leute zum Beispiel das Wort „Semmel" nicht. Sie sagen „Schrippen".
5. Neulich hat mir jemand gesagt, als ich ihn mit „Grüß Gott" begrüßt habe: „Du kommst wohl aus Bayern!", denn hier sagt man „GutenTag".
6. Also sage ich jetzt auch immer „Guten Tag", wenn ich jemanden grüße.

Übung 11
1. Es regnet, trotzdem gehen wir spazieren.
2. Er hatte kein Geld, trotzdem war er glücklich.
3. Wir haben eine interessante Arbeit, trotzdem sind wir zufrieden.
4. Sie isst, trotzdem hatte sie keinen Hunger.
5. Ihr hattet wenig Zeit, trotzdem seid ihr gekommen.
6. Ich muss arbeiten, trotzdem ist morgen Sonntag.
7. Das alte Haus wurde abgerissen, trotzdem stnad es unter Denkmalschutz.
8. Das Hemd ist eigentlich ziemlich teuer, trotzdem kauft sie es.

Übung 12
1. Ich gehe zuerst zur Bank, danach kaufe ich mir eine CD.
2. Er hört gern sowohl Jazz als auch klassische Musik.
3. Sie essen gern Pizza, deshalb gehen sie in ein italienisches Restaurant.
/Da sie gern Pizza essen, gehen sie in ein italienisches Restaurant.
4. Es regnet heute, deshalb findet der Fußballspiel nicht statt.
/Da es heute regnet, findet der Fußballspiel nicht statt.
5. Der Mann ist entweder Detektiv oder Polizist.
6. Sie hat Zahnschmerzen, trotzdem geht sie nicht zum Zahnarzt.

4.4

Übung 1
2. Bevor meine Eltern kommen, muss ich noch schnell die Wohnung aufräumen.
3. Während ich das Bad putze, könntest du doch schon mit dem Geschirrspülen anfangen.
4. Seitdem sie angerufen haben, bist du schrecklich nervös.
5. Nachdem sie angerufen hatten, habe ich mir erst einmal ein Glas Wein geholt.
6. Bis ihr Anruf am Samstagabend kam, habe ich nie geglaubt, dass sie mich wirklich besuchen wollen.
7. Als ich in London gelebt habe, haben sie mich nie besucht.
8. Wenn wir in Paris waren, haben wir immer im selben Hotel gewohnt.

Übung 2
1. Als
2. Wenn, wenn
3. als
4. als
5. Wenn, wenn
6. als

Übung 3
2. Als ich noch kein Auto hatte, ging ich viel zu Fuß.
3. Immer/Jedesmal wenn ich krank war, las mir Mutter viele Bücher vor./Als ich krank war, las mir Mutter viele Bücher vor.
4. Immer/Jedesmal wenn ich im Krankenhaus lag, spielte ich viel mit den anderen Kindern./Als ich im Krankenhaus lag, spielte ich viel mit den anderen Kindern.
5. Immer/Jedesmal wenn Großmutter zu Besuch kam, brachte sie uns Schokolade mit./Als Großmutter zu Besuch kam, brachte sie uns Schokolade mit.
6. Als ich zur Schule ging, wollte ich nie Hausaufgaben machen.
7. Immer/Jedesmal wenn wir in Urlaub waren, spielte Vater viel mit mir./Als wir in Urlaub waren, spielte Vater viel mit mir.
8. Immer/Jedesmal wenn ich in Italien war, aß ich viel Eis./Als ich in Italien war, aß ich viel Eis.

Übung 4
2. Während ich tanke, könntest du schon die Autofenster waschen.
3. Während ich das Reiseproviant vorbereite, könntest du schon die Küche aufräumen.
4. Während ich ein Hotel suche, könntest du auf das Gepäck aufpassen.
5. Während ich dusche, könntest du schon die Koffer ausräumen.
6. Während ich einen Parkplatz suche, könntest du schon ins Restaurant gehen.

Übung 5
2. Seitdem ich in Deutschland lebe, besuche ich eine Sprachschule.

3. Bis ich mit der Arbeit beginne, muss ich noch Deutsch lernen.
4. Seitdem wir einen neuen Lehrer haben, verstehe ich gar nichts mehr.
5. Seitdem ich mit diesem Buch lerne, verstehe ich die Grammatik besser.
6. Bis ich gut Deutsch kann, werde ich verrückt.
7. Seitdem ich eine neue Wohnung habe, bin ich glücklicher.
8. Seitdem ich sie kenne, ist das Leben viel schöner.

Übung 6　自由作文

Übung 7
1. nachdem
2. als
3. nachdem
4. als
5. nachdem
6. Als

Übung 8
Während, nachdem, Als, Sobald, bevor, wenn, bis, Seitdem, Als

Übung 9
2. Der Film hat mir nicht gefallen, weil er so brutal war.
3. In dieses Restaurant gehe ich nicht mehr, weil es zu teuer ist.
4. Nein danke, ich trinke keinen Wein mehr, weil ich noch Auto fahren muss.
5. Ich gehe jetzt ins Bett, weil ich morgen früh aufstehen muss.
6. Wir essen kein Fleisch, weil es uns nicht schmeckt.

Übung 10
1. Frau Bauer ist unglücklich, weil ihre Katze weggelaufen ist.
2. Toni freut sich, weil er die Prüfung bestanden hat.
3. Sie kauft im Supermarkt ein, da dort alles am billigsten ist.
4. Anna geht ins Bett, weil sie müde ist.
5. Ich bin am Wochenende nicht mitgekommen, weil ich krank war.
6. Wir nehmen zum Kochen nur Olivenöl, weil es am besten ist.

Übung 11
2. Wenn Hans sich schon wieder einen Ferrari kauft, hat er aber sehr viel Geld.
3. Wenn ihr schon wieder streitet, geht ihr sofort ins Bett.
4. Wenn du noch Geld brauchst, ruf mich einfach an.
5. Wenn Sie noch etwas Zeit haben, schreiben Sie bitte noch schnell diesen Brief.
6. Wenn Sie immer noch Schmerzen haben, nehmen Sie eine Tablette mehr pro Tag.

Übung 12
2. Ja, wenn wir genug Geld haben./Ja, wenn ich genug Geld habe.
3. Ja, wenn es nicht so fett ist.
4. Ja, wenn ich keine andere Arbeit finde.
5. Ja, wenn du nicht zu spät nach Hause kommst.

6. Ja, wenn wir noch Karten bekommen.
7. Ja, besonders wenn ich in der Badewanne liege.

Übung 13
1. d
2. f
3. e
4. a
5. c
6. b

Übung 14
2. Obwohl sein altes Fahrrad noch in Ordnung ist, kauft er sich ein neues.
3. Obwohl sie krank ist, geht sie nicht zum Arzt.
4. Obwohl es so gesund ist, isst sie nie Obst.
5. Obwohl sie fünf Kinder haben, haben sie nur eine kleine Wohnung.
6. Obwohl er lieber ins Kino gehen würde, geht er mit seiner Frau ins Theater.

Übung 15　自由作文

Übung 16
2. … um mein Auto zu reparieren.
3. … um damit zu spielen.
4. … um meine Freundin zu besuchen.
5. … um dich zu ärgern.
6. … um die Grammatik zu üben.

Übung 17
2. Die Firma vergrößert ihren Werbeetat, um den Verkauf ihrer Produkte zu erhöhen.
3. Die Banken erhöhen die Zinsen, damit die Bürger mehr sparen.
4. Die Regierung beschließt, die Staatsschulden zu verringern, um die Inflation zu bekämpfen.
5. Die Eltern bauen ihr Haus um, damit ihr Sohn darin eine eigene Wohnung hat.
6. Er geht ganz leise ins Schlafzimmer, damit seine Frau nicht aufwacht.
7. Ich habe in mein Auto einen Katalysator einbauen lassen, um mit bleifreiem Benzin fahren zu können.
8. Er lernt eine Fremdsprache, um eine bessere Arbeit zu finden.

Übung 18
2. Die Kinder haben gebastelt, so dass sie für jeden in der Familie ein kleines Geschenk hatten.
3. Die Kinder haben ihrer Mutter beim Backen geholfen, so dass sie schon die Plätzchen probieren konnten.
4. Der Vater hatte vorher so viel gearbeitet, dass er nach Weihnachten ein paar Tage frei nehmen konnte./ Der Vater hatte vorher viel gearbeitet, so dass er nach Weihnachten ein paar Tage frei nehmen konnte.
5. Die Großmutter kam zu Besuch, so dass sie die Feiertage nicht allein verbringen musste.
6. Der Weihnachtsbaum war so groß, dass sie zum Schmücken eine Leiter brauchten.

Übung 19
2. Er kam später, ohne vorher anzurufen.
3. Er tat jemandem weh, ohne sich zu entschuldigen.
4. Er hörte laute Musik, ohne an die Nachbarn zu denken.
5. Er beleidigte jemanden, ohne es zu merken.
6. Er nahm mein Fahrrad, ohne mich vorher zu fragen.
7. Er ging vorbei, ohne zu grüßen.
8. Er ging aus dem Haus, ohne die Schlüssel mitzunehmen.

Übung 20
2. Am Oktoberfest wurde so viel getrunken wie im vergangenen Jahr.
3. Dieser Computer ist nicht so gut, wie im allgemeinen angenommen wird.
4. Er kocht besser, als ich gedacht habe.
5. Wir mussten für die Reise weniger zahlen, als im Prospekt stand.
6. Sie schwimmt schneller, als ihre Konkurrenten befürchtet haben.

Übung 21　自由作文

Übung 22
2. Je mehr Sport ich mache, eine desto/umso bessere Figur bekomme ich.
3. Je weniger ich esse, desto/umso schlechter bin ich gelaunt.
4. Je berühmter ein Künstler wird, desto/umso mehr verdient er.
5. Je netter ein Chef ist, desto/umso lieber arbeite ich.
6. Je älter ich werde, desto/umso toleranter werde ich.
7. Je stärker der Kaffee ist, desto/umso schlechter schlafe ich.
8. Je schöner das Wetter ist, desto/umso häufiger gehe ich spazieren.

Übung 23　自由作文

Übung 24
1. als
2. um
3. nachdem/sobald
4. ohne
5. wenn
6. damit
7. weil
8. obwohl
9. während/als/(immer) wenn
10. wenn

Übung 25
1. WEIL
2. WENN
3. WAEHREND
4. OBWOHL
5. BIS
6. NACHDEM
7. OHNE
答え：ENDLICH